Ingeborg Lohfink

Malven

Geschichten aus Pommern
und von anderswo

Ingeborg Lohfink

Malven

Geschichten aus Pommern
und von anderswo

Hinstorff

Lohfink, Ingeborg :
Malven / Geschichten aus Pommern
und von anderswo
1. Aufl. – Rostock : Hinstorff 1993. – 224 S.

1. Auflage 1993
Herstellung: Chemnitzer Verlag und Druck GmbH,
Werk Zwickau
Printed in Germany
ISBN 3-356-00524-3

Malven

Sie gingen am Kornfeld entlang. Buchenberg. Ein Traum? Phantasiegebilde aus Himmel und Reife?

Das junge Mädchen langte über den Staketenzaun und stahl sich eine Blüte. Der Bursche lachte darüber. Fast beleidigt über sein Lachen, sagte das Mädchen: „Du hast ja keine Ahnung, was das ist." Und schaute die Blüte an: Ein Kelch von feinstem Rot, nicht grell und schreiend wie Purpur, entfaltete sie sich aus kleinen grünen Blätterherzen. Das Mädchen, dieses Blütenwunder anschauend, sagte: „Daß es so etwas gibt!"

Die Malve lächelte. Und hauchte, indem sich das zarte Rot vertiefte wie auf dem Antlitz des Mädchens: „Die Liebe ist etwas Wunderbares."

Das Mädchen löste sein buntes Halstuch und schlang es über eine Holzlatte. Süß duftete der Weißdorn. Buchen fächelten Kühle. Das Mädchen begann zu tanzen. Im Halbkreis, die Blüte im Haar.

„Sing ihr ein Lied, bevor sie vergeht", flüsterten die Malven hinter dem Zaun, und ihre kleinen grünen Blätterherzen reihten sich um ihre roten Kelche wie die tanzenden Mädchenschritte um den Burschen. Der stand und schaute verwirrt und dachte: 'Sie ist schön.' Und sagte laut zu dem Mädchen: „Du bist schön." Das sah ihn an. Dann drehte es sich um sich selbst, und mit der Schnelligkeit eines Windstoßes lief es ins Korn. Er fand es am Tümpel zwischen Kornfeld und Maisschlag. Kniend betrachtete es im Wasserspiegel Gesicht und Haar und Blüte. Dabei geschah es: Die Blüte fiel. Und schwamm noch lange Zeit. Und war so schön. Noch immer.

Gedankenlos berührte der Bursche das Haar des

Mädchens. Die Malven hinter dem Zaun wisperten: „Sie stirbt, sie stirbt. Sing ihr ein Lied." Der Wind trug das Wispern herüber. Das Mädchen sang: „La, la, la ..."

Plötzlich hörte es wieder auf. Flüsterte traurig und glücklich zugleich: „Es gibt keine Worte für solch ein Wunder. Sie ist noch im Sterben schön. Niemals könnten wir sie nachmachen. Niemals. Diesen Duft nicht, diese Farbe, dieses Blühen. Wer hauchte ihr den Atem ein, dieses Leben, dieses atmende Wispern, dieses der Sonne, dem Wind, der Erde Sichschenken? Wer ist dieser Meister, der so etwas fertigbringt?"

Der Bursche ließ spielerisch das blonde Haar des Mädchens durch seine Hände gleiten. Nach kurzer Nachdenklichkeit antwortete er: „Wie komisch du heute bist! Was für ein Meister? Was für ein Wunder? Das ist doch klar, Blumen sind schön. Aber daß dir wilde Malven so gut gefallen, ne, du, das hätte ich nicht für möglich gehalten. Von dem Zeug kann ich dir massenhaft schenken, wenn du willst. Wir haben welche im Garten, die wachsen bei uns wie Unkraut."

Das Mädchen blickte ihn schweigend an, von merkwürdigen Gedanken erfüllt. Ungewöhnlich, anders als sonst. Als die Blüte versunken war, dachte das blonde Mädchen: 'Man müßte irgendwie alles anders machen. Und man müßte danken. Aber wem? Ich kann das alles nicht so ausdrücken, nicht formulieren, nicht zu Ende denken. Ich kann nicht. Irgendwie tut es mir aber leid, daß ich es nicht kann.' Langsam, leise vor sich hin summend, kehrte das Mädchen zurück nach Buchenberg. Und ging am Kornfeld entlang. Am Staketenzaun vorbei. Allein. Buchenberg: Ein Traum? Phantasiegebilde aus Himmel und Reife? Malvenblüten.

Die Kleine von gegenüber

In einem hohen alten Birnbaum, mitten in einem verwilderten Garten in einer stillen Straße am Hafen, saß eine junge Wildtaube. Die kleine Taube war von blau-grauer Farbe und sehr viel zierlicher als die dicken fetten Tauben aus dem Taubenschlag von nebenan, aus dem Nachbarhaus. In einem Nest abseits der Stadt, in einer schönen schlanken Kiefer, war sie zur Welt gekommen, zusammen mit drei Geschwistern; als letzte war sie ausgeschlüpft.

Liebevoll hatte die alte Wildtaube gemeinsam mit ihrem Täuberich die junge Brut versorgt. Schon seit Urväterzeiten lebten die Wildtauben in dem schönen Wald hinter dem schier endlos weiten Roggenfeld. Die kleine Taube hörte zusammen mit ihren Geschwistern jeden Tag, wie schön es hier sei, wie groß die Gefahren seien, die danach kämen; denn hinter dem vertrauten beschützenden Wald und hinter dem weiten herrlich übersichtlichen Feld läge die Stadt.

Einmal hatte sich die Ururgroßmutter väterlicherseits bis in die Stadt gewagt, aber nur einmal, dann nie wieder, weil es zu gefährlich war. Beinahe wäre sie nicht lebend davongekommen. Ein nicht allzu großes wuschliges Tier mit einem Bart, so stattlich, wie ihn im heimatlichen Wald der Förster hat, tat mit ihr schön, umschlich sie, schnurrte vor Behagen, legte sich auf den Bauch vor Ehrerbietung, sagte ihr mehrmals am Tag, wie reizend sie sei, bis die Ururgroßmutter väterlicherseits davon ganz beeindruckt war und dem wuschligen Tier mit dem wunderschönen Bart etwas näher kam, sich sogar unten auf einer Treppenstufe vor einer alten Haustür niederließ und zur Begrüßung mit den Flügeln schlug. Wie staunte sie, als das Schnurren des Wolltieres aufhörte – ein Satz, ein Sprung, und es stürzte sich auf die Ururgroßmutter väterlicherseits – in letzter Sekunde flog diese auf, und noch im Aufwärtsflug hörte sie das Schreien der Kinder, die aus der Haustür getreten waren: „Die Katze, die Katze hatte beinahe eine Taube zum Fressen!" Entsetzt, so rasch sie ihre Flügel trugen, eilte sie zurück, hinaus aus der Stadt, über das schier endlose Feld; hier flog sie schon wesentlich ruhiger, und wie war sie froh, als der Wald begann und die heimatliche Kiefer von riesigem Wuchs erreicht war. Seitdem durfte keine Taube aus dem Wildtaubengeschlecht jemals wieder in die Stadt.

Die kleine Blaugraue war zwar die Kleinste unter den Geschwistern, aber klug war sie, äußerst klug. Sie sann lange nach, jeden Tag hörte sie diese Geschichte der Ururgroßmutter väterlicherseits, und eines Tages hatte sie das Gerede satt, sie erhob sich und flog in den hohen blauen Himmel. Unter sich sah sie bald das schier endlose Feld, dann flog sie etwas tiefer, jetzt langsamer, beinahe hielt sie ihren Atem an, so aufregend war der Moment – unter ihr begann die Stadt. – Da lag sie nun, diese Stadt mit ihren Dächern, Schornsteinen und Türmen, dem Fluß, den Straßen und den vielen großen zweibeinigen Wesen, den Menschen. Sie flog tiefer, noch langsamer, suchend durch die Straßen, aber ein Wuscheltier, so eine gefährliche Katze, mit der ihre Ururgroßmutter väterlicherseits Bekanntschaft gemacht hatte, sah sie nicht. Sie flog zu der dicken roten Backsteinkirche. Die war voller Löcher im Mauerwerk. Sie setzte sich in so ein Loch und ruhte sich aus – erschöpft schlief sie ein.

Aber wie häßlich wurde die kleine Wildtaube geweckt – eine fette alte Stadttaube mit einem Hängekropf zerrte an ihr herum und schrie: „Gehen Sie raus, Sie, ich hacke Ihnen die Augen aus – das ist mein Quartier, hier haben Sie nichts zu suchen!" Alle Tauben ringsum schrien im Chor: „Raus! Raus! Sie Störenfried! Was wollen Sie hier, Sie hergelaufene Person? Diese Kirche ist unser Bau, wir haben seit Generationen hier Quartier!"

Die kleine Wildtaube ergriff die Flucht. Aufgeregt flog sie hin und her in der Stadt, sie wußte nicht wohin, da – endlich – sie entdeckte unten in der stillen Straße am Hafen den verwilderten Garten. Die kleine Taube gurrte vor Freude. In dem verwilderten Garten befand sich der hohe, alte Birnbaum mit vielen schönen Ästen und dichtem Laub. Sie setzte zum Gleitflug an und flog direkt auf den schönsten Ast mitten hinein in den Baum. Sie zog ihr Köpfchen ein – dieses Mal schlief sie fest und traumlos. Sie schlief die ganze lange Nacht.

Morgens, als sie erwachte, sah sie in einem Fenster eines Hauses, genau gegenüber, das Licht einer Lampe. Die kleine Taube flog vorsichtig auf das Licht zu, bis an das Fenster. Sie setzte sich auf das Fensterbrett und blickte durch das Glas der Scheibe. Ein Mann saß im Raum, alleine vor seinem Schreibtisch, neben sich die Lampe, vor sich ein Blatt Papier, in der Hand hielt er einen Bleistift. Er malte Zahlen auf das weiße Blatt, viele kleine schwarze Zahlen.

Die Wildtaube staunte. Stundenlang sah sie auf den Mann. Sie war so vertieft in das Neue, das sie sah, daß sie ganz aus Versehen mit ihrem Schnabel an das Glas der Fensterscheibe stieß.

Da blickte der Mann auf, er sah sie an, Schauer rieselten über das Gefieder der kleinen blau-grauen Taube, Wellen des Entzückens, so lieb blickte der Mann, und sie hörte, wie er sie rief, er pochte mit seiner Hand an das Fenster, beugte sich ganz nahe zu ihr hin und rief noch einmal: „Täubchen, Täubchen, komm!"

Der Mann wollte das Fenster öffnen, und der Riegel

machte „kracks!" Das durchfuhr die kleine Taube wie kaltes Eisen. Sie bekam einen Schreck, flatterte zurück in den Baum und setzte sich auf den Ast in das schützende Laub. Das Fenster war jetzt offen. Sie sah durch die Blätter neben dem Mann eine dicke Frau.

„Schade", sagte der Mann, „jetzt ist sie weggeflogen, ich hätte sie dir so gern gezeigt, so etwas Niedliches, so ein liebes reizendes Dingelchen, so kleine Tauben gibt es hier nicht. Das muß eine Feldtaube gewesen sein."

„Eine Feldtaube?" sagte die Frau und sah ihn fragend an. „Feldtauben gibt es nicht in der Stadt, wenn du dich bloß nicht irrst, du bist überarbeitet, du solltest nachts schlafen, nicht soviel rechnen, nicht soviel denken, immerzu denkst du nach, du wirst ja ganz wirr davon im Kopf. Gestern hast du wieder deine Milch vergessen, du solltest morgens Milch trinken, Milch gibt Kraft, Milch macht nicht dick, Milch ist gut für die Nerven!"

„Ich bin Professor, Ingrid, und nicht irgendwer, schließlich muß ich wissen, was mir gut tut und was nicht. Ich will keine Milch – jeden Morgen Milch. Mache mir bitte jetzt eine Tasse Kaffee, mir geht es um ganz andere Sachen, um höhere Dinge, begreife doch, ich bin Mathematiker, die Zahl ist meine Welt."

Mehr hörte die kleine Wildtaube nicht. Der Professor hatte das Fenster geschlossen.

Den ganzen Tag war die kleine Taube auf Nahrungssuche. In der darauffolgenden Nacht sah sie immer und immer nur auf das Fenster, dabei fielen ihre kleinen hübschen Taubenaugen zu. Als sie erwachte, brannte gegenüber Licht, das so ersehnte, helle Licht. Vorsichtig flog sie an das Fenster. Sie setzte sich auf das Fensterbrett und sah dem Professor zu. Er stierte auf das weiße Papier, den Kopf stützte er mit der einen Hand, mit der anderen schrieb er ab und zu eine Zahl, verzückt sah sie ihn an, endlich klopfte sie vorsichtig mit dem Schnäbelchen an das Glas der Fensterscheibe. Wie aus fernen fernen Welten kehrte der Blick des Professors zurück. Er sah die kleine Taube an und war verzückt wie sie. „Da bist du ja, du bist wiedergekommen, zu mir dem Einsamen, dem Denkenden, der schon wach ist und arbeitet, wenn alles noch schläft", sagte der Professor. Und er dachte: 'Ich muß Ingrid die kleine Taube zeigen, ich muß sie wecken, unbedingt'. Aber er weckte seine Frau nicht. 'Ach, wozu, sie wird sich bloß empören, wegen einer Taube weckst du mich, würde sie sagen, das ist doch unerhört – und sie würde zurückgehen in ihr Bett und weiterschlafen, oder sie würde den ganzen Tag über schlechte Laune haben, wenn sie dann nicht wieder einschlafen könnte.' Also sah er alleine die kleine blau-graue Wildtaube an, solange, bis diese vom Lärm eines Kranes, der sein Tagwerk im Hafen begann und kreischte und quietschte, erschreckt aufflog, zurück auf ihren Baum in das Gewirr der Blätter auf den schönsten Ast.

Dieses Mal hatte der Professor das Fenster nicht geöffnet.

Im Institut, während der Vorlesung bei seinen Studenten, fiel ihm für einen Augenblick die kleine Taube ein, er wollte auf dem Heimweg etwas kaufen, irgendetwas Nettes für seinen nächtlichen Gast – nur für eine Sekunde oder für zwei fuhr ihm dieser Gedanke durch den Sinn, dann vergaß er ihn. Auf dem Heimweg kam er an einer Zoohandlung vorbei, da fiel es ihm ein, daß er Taubenfutter kaufen wollte, er ging in den Laden, kam aber ohne Taubenfutter eilig wieder heraus, es war zu peinlich, er hatte kein Geld bei sich.

Seine Frau war entsetzt. „Wofür brauchst du denn Geld?" fragte sie.

„Es ist unerhört, Ingrid, ich verdiene dreitausend Mark,

und nicht eine einzige habe ich bei mir, das geht doch nicht, gib mir bitte etwas Geld!"

Er bekam zehn Mark, sie holte den Zehnmarkschein aus einer alten Teebüchse aus dem Küchenschrank – die Büchse hatte er ihr vor vielen Jahren mitgebracht als Geschenk von einer Mathematikertagung. „Es gibt gleich Abendbrot, und noch hast du die Lockenwickler im Haar, seit heute morgen, muß das sein?" fragte der Professor mit feinem spitzen Mund.

Die Frau stülpte sich eine gehäkelte Mütze auf, das paßte zu der bunten Kittelschürze aus Nylon. „Gefällt dir die Mütze etwa nicht?" fragte sie, als sie sein mißbilligender Blick traf. „Das ist Handarbeit", sagte sie noch, „schließlich habe ich die Mütze selbst gehäkelt – ach – du, du siehst ja nichts, bloß immer Formeln."–

Viele Nächte lang ging das so mit der kleinen Graublauen und dem Professor: Jedes Mal sahen sich die beiden durch die Fensterscheibe an, die kleine Taube schon verliebt, der Professor entzückt. Noch steckte der Zehnmarkschein in seinem Portemonnaie – endlich schaffte er es, er kaufte eine Tüte Taubenfutter, und dann ließ er die kleine Taube herein zu sich, sie saß nun Nacht für Nacht eine Stunde oder zwei bei ihm auf dem Schreibtisch, dann streute er Futter für sie auf das Fensterbrett, sie fraß, er schloß vorsichtig das Fenster, sie flog zurück in den Baum gegenüber. Und dann blieb das Fenster dunkel. – Jede Nacht lag es wie tot vor ihr. Die kleine Taube wartete, sie wartete Tage und Nächte, aber den Professor sah sie nicht. Sie magerte ab, sie wurde beinahe ernstlich krank – längst hatte sie die wuschligen Tiere bemerkt, sie schlichen überall herum. Viele solcher Wuscheltiere gab es in der Stadt. Die kleine Taube kannte die Gefährlichkeit dieser Katzen, und sie hütete sich vor ihnen, sie kam ihnen niemals zu nahe – in den hohen alten Birnbaum kletterten sie gottlob nicht.

Als die kleine Taube am traurigsten war vor Kummer, ging das Licht drüben wieder an, der Professor war zurückgekehrt, – endlich war er wieder da, er saß vor seinem Schreibtisch, neben sich die Lampe, und las. Vorsichtig pochte sie mit ihrem Schnabel an, „gurre gurre", sagte sie mit langgezogenem Ton, das heißt in der Taubensprache „ich liebe dich". „Gurr gurr", sagte der Professor und ahmte sie nach. Er stand auf und holte einen Hammer und zwei kleine Bretter und baute ihr vor seinem Fenster ein kleines Dach.

Da saß sie nun, auch wenn es regnete, und sah ihm bei der Arbeit zu. Und dann kam der Winter. Die dikken fetten Stadttauben aus dem Haus von nebenan verließen nur noch ganz selten ihren Taubenschlag, so kalt war es geworden. Sie aber saß unter dem kleinen Dach vor dem Fenster des Professors und fror. Es schneite. „Oh, Gott", hörte sie ihn sagen, „die kleine Taube erfriert, wir müssen sie reinlassen." Er öffnete sein Fenster, griff vorsichtig nach ihrem kleinen frierenden Taubenkörper und holte sie herein. Zärtlich trug er sie durch sein Zimmer, vorbei an dem schweren alten Bücherschrank aus Eiche, über den bunten weichen Teppich, der wie eine Sommerwiese aussah, und ging mit ihr in die Küche. Dort setzte er sie ab – mitten auf den Küchenschrank.

Die Frau fragte ihn: „Und was soll die Taube fressen, Franz?"

„Ich besorge Taubenfutter", sagte er, „du brauchst dich darum nicht zu kümmern, gib mir bitte zehn Mark!"

„Schon wieder?" fragte die dicke Frau, „du hast doch erst vor vierzehn Tagen zehn Mark bekommen, das Geld geht ja weg wie warme Semmeln."

„Ich gönne mir doch keine Extras", sagte der Professor, „das Geld verwaltest du. Ist es denn schon wieder alle?"

„Endlich habe ich das Geld für den 'Wartburg' zusammen, zwanzigtausend Mark sind kein Pappenstiel, und die neue Couchgarnitur für dreitausend Mark hast du wohl auch schon vergessen, erst im vorigen Monat habe ich sie gekauft", sagte die Frau. „Armin ist bei der Armee, gut, der Sohn kostet uns im Augenblick nichts, aber deine beiden Söhne in Jena vergißt du wohl? Jeder kriegt zweihundert Mark im Monat Stipendium von uns. Wie ich das einteile, wie ich das alles mit e i n e m Gehalt überhaupt schaffen kann, dafür solltest du mich loben."

„Aber, aber", sagte der Professor, „wir geben für's Essen doch kaum etwas aus, wir dürfen keine Butter essen, keine Kartoffeln, keine Mehlwaren, keinen Zucker, lediglich etwas Fleisch und Gemüse, sonst werden wir wieder so dick wie vor zwei Jahren. Also – Ingrid, bitte zehn Mark, das Geld verwende ich, wie gesagt, nur für Taubenfutter." Und er dachte: 'Du magst recht haben, das tägliche Zeug, die große Fünfzimmerwohnung, das neu gelegte Parkett, das neue Auto, die neuen Sessel – das alles zu beschaffen, zumal ich noch nicht allzu lange Professor bin, mag fürwahr nicht so einfach sein.'

Die kleine Taube verstand diese Unterhaltung nicht so recht, zu Hause im heimatlichen Wald hinter dem schier endlosen weiten Feld hatte sie nie von derartigen Problemen gehört. „Sieh nur", sagte der Professor, „wie reizend sie ist, hier fühlt sie sich wohl, hier ist es warm. Bei uns bist du geborgen – Täubchen, Täubchen." –

Die kleine Taube saß aufgeplustert oben auf dem Küchenschrank und sah herab auf die beiden Menschen. „Gurre gurre – ich liebe dich", sagte sie zu dem Professor. Zu der Frau sagte sie nichts. Zu ihr sah sie überhaupt nicht hin. „Wie sie dich ansieht", sagte die Frau, „komisch, als ob sie versteht, was du sagst."

Dann verließen die beiden die Küche. Später kam die Frau allein zurück. Sie ging an den Herd und brannte eine Gasflamme an. Die kleine Wildtaube erschrak – Feuer – aufgeregt schlug sie mit den Flügeln.

„He, he", kreischte die dicke Frau, „hab keine Angst, dir passiert ja nichts, ich will mir bloß Kaffee kochen." Sie ging an den Küchenschrank, holte Brot heraus, schnitt eine Scheibe ab, bestrich sie dick mit Butter, legte dicke Scheiben Schinken auf die Butter und aß.

„Das schmeckt gut", sagte sie zu der Taube, „willst du auch?" Sie legte Brotkrumen neben die Taube oben auf dem Schrank. Das war der Zeitpunkt, an dem die dicke Frau und die kleine Taube Freunde wurden, zwar langsam und zögernd, denn die kleine Wildtaube war zunächst sehr mißtrauisch gegen die Frau, aber es wurde eine Freundschaft, nicht so zärtlich, voller Gefühl, wie mit dem Professor, mehr rauh, aber nahrhaft.

Jeden Tag, wenn der Professor ins Institut gegangen war, aß die dicke Frau sich richtig satt an den köstlichsten Dingen, und immer bekam die kleine Taube reichlich davon ab, und dann war die Frau weg, sie verreiste für mehrere Wochen.

Der Professor bekam Besuch, die Söhne kamen. „Was soll der Quatsch", sagte der Soldat, „die Taube scheißt alles voll."

„Man mag gar nichts essen", bemerkte der eine Student, „eklig so eine Taube in der Küche!"

„Bei den Eßwaren sitzt sie", sagte der andere Student.

Der Professor geriet eines Tages so in Wut, daß er laut schrie: „Hört auf mit dem Gerede, ich höre es mir nicht länger an, das halten meine Nerven nicht aus!" Er holte die kleine grau-blaue Wildtaube vom Küchenschrank und mit der großen scharfen Schere, die sonst im Nähtisch seiner Frau neben dem Häkelhaken lag, schnitt er ihr den Kopf ab, – jawohl , einfach ab, – gerade als sie

„gurre gurre" sagte, und das heißt in der Wildtaubensprache „ich liebe dich". Er warf den Körper und den abgeschnittenen Kopf in den Müllkasten. Dann schritt er, wie gewöhnlich tief in Gedanken versunken, durch die Stadt ins Institut.

Torstens seltsame Wünsche

Im Wald zwischen Buchenberg und Subzow, auf dem alten Schießplatz, sah ich ihn. Er kroch aus einem halb verfallenen Unterstand heraus, hockte sich auf die sonnige Mauer und beobachtete uns.

Ich war mit Andreas hierhergekommen, einem zehnjährigen Jungen aus Subzow, der mir von seinem jungen Schäferhund, den er bei sich führte, die wahrsten Wunderdinge berichtete.

Als Andreas den fremden Jungen ebenfalls bemerkte, brach er mitten im Satz ab und richtete seine ganze Aufmerksamkeit auf diesen. Seine Unruhe wurde so groß, daß der von einem Fuß auf den anderen trat, nicht mehr stillstehen konnte, plötzlich „Attacke" schrie und losrannte. Er überquerte den großen freien Platz mit rudernden Armbewegungen und Geschrei. Der blondlockige, feingliedrige Junge, möglicherweise im gleichen Alter wie Andreas, glitt von der Mauer, rannte weg und verschwand im Wald. Andreas suchte ihn vergeblich.

„Mist", schrie er wütend, als er auf mich zukam. Er gab seinem Hund einen Fußtritt und nannte ihn „dummes Vieh". Um ihn zu besänftigen, sagte ich energisch, aber lachend dabei: „Laß ihn in Ruhe, Andreas. Ein junger Hund. So einer sucht noch nicht, so einer will noch spielen. Sieh doch, dieser freie Platz lädt zum Spielen ein, ich..."

Er hörte mir nicht mehr zu. Er stand da in seinem roten Anorak, den karierten Hosen, den verängstigten, kleinen Hund neben sich, beide Hände in den Hosentaschen vergraben. Unvermittelt wandte er sich um und ging davon. Ich holte ihn am Dorfkonsum ein und sagte ungeduldig: „Wie bringst du es fertig, mich so zu beleidigen? Aber vergessen wir diesen Zwischenfall. Vertragen wir uns wieder. Setzen wir uns hin und spielen ein Spiel. Willst du, Andreas?"

Seine Stimme klang bestürzt und erfreut zugleich, als er leise antwortete: „Wenn Sie wollen?" Und zu seinem Hund sagte er laut: „Nimm Platz, schenk her!" Er nahm ihm einen Ast aus dem Maul und erklärte, daß sich der Hund daran verletzen könnte. Wir setzten uns auf die Bank neben der Kiosktür. Ich nahm meine Sonnenbrille ab und begann nun, ihm das Spiel darzulegen. Er sollte mir drei Wünsche sagen, und danach wollten wir so tun, als wären sie in Erfüllung gegangen, wollten uns ausmalen, wie das sein würde. Andreas, von dieser Idee begeistert, nannte seinen ersten Wunsch: „Ein Luftgewehr. Ich will Spatzen schießen. Krähen auch. Und Stare. Und wenn mir so einer wegrennt, ich meine den von vorhin, dann knall ich ihm eine hinterher..." Seinen Wortschwall unterbrechend, erklärte ich: „Wir werden noch darüber reden. Und jetzt dein zweiter Wunsch, Andreas. Nenn mir deinen zweiten!" Er überlegte. Seine Zunge schien schwer zu sein, als er stammelte: „Geld. Die Taschen so voll wie im Märchen, ich will..." Ihn wiederum unterbrechend, sagte ich leise, gewissermaßen geheimnisvoll: „Und nun dein dritter und letzter Wunsch. Überleg gut, denn mehr Wünsche hab' ich nicht zu vergeben." Er trompetete, ohne zu zögern: „Süße Suppe. Alle Tage süße Milchsuppe. Am besten welche mit Nudeln." Wir mußten uns erheben, weil sich Leute vor dem kleinen Schaufenster ansammelten, wohl mit der Absicht, uns zuzuhören, denn außer ein paar Paketen Waschpulver und Marmelade in Gläsern gab es nichts zu besichtigen. Es waren Dorfbewohner, und Andreas kannte sie. Er lief zu ihnen hin. Ich grüßte lachend und schlenderte langsam zu meinen Freunden am anderen Ende des Dorfes.

Mondlicht fiel auf den Fluß. Mondlicht fiel flirrend ins Meer, wob seltsame Muster: Mondsee, Mondberg.

Plötzlich sah ich ihn vor mir, er ging langsam, wie zögernd, auf dem abgeernteten Kartoffelschlag. Ich dachte zunächst: 'Ein Spuk, die kleine weißblonde Gestalt? Oder ist es der Junge vom Schießplatz? Na klar, das ist er.' Ich beschleunigte meinen Schritt. Der Junge begann zu hüpfen, wie Kinder es gerne tun, wenn sie vergnügt sind. Dann blieb er stehen. In diesem Augenblick rief ich ihn an: „He, du, warte!" Dann war ich neben ihm, stammelte mit unschlüssigen Bewegungen, so als wollte ich ihm die Hand reichen und auch wieder nicht: „Warum bist du denn vorhin weggelaufen?" Ich sprach schnell weiter: „Wie gut, daß du da bist. Wie heißt du?" Er schaute mich an, hob beide Arme zum Himmel und sagte leise: „Er lacht. Sehen Sie nicht?" Seine Augen glichen Sternen, die zu mir herabgefallen waren. Ich antwortete unsicher: „Kind, wie kann er denn lachen? Wie denn?" Wir betrachteten den Mond, und mir kam die Idee, wir könnten am Ende einen Mondbrand bekommen, so wie einen Sonnenbrand. Ich zog meine Sonnenbrille aus der Manteltasche, setzte sie auf, er sah mir verwundert zu.

Ich flüsterte geheimnisvoll: „Der Mond schenkt uns drei Wünsche. Doch bevor du mit dem Wünschen beginnst, mußt du deinen Namen nennen." Er fragte leise, fast bekümmert: „Soll ich mir jetzt was wünschen? Ich heiß' Torsten."

Ich setzte mich auf einen Stein. Ihn von unten her musternd, frage ich: „Und wie weiter? Wie heißt du weiter, na?" Er antwortete: „Torsten Borgwald." Ich dachte, gut, daß ich seinen Namen weiß. Nun werde ich ihn wiederfinden. Laut und mit forschem Tonfall, der so gar nicht zu diesem Augenblick zu passen schien, sagte ich: „Nenn mir deinen ersten Wunsch. Du zögerst? Nun gut, überleg dir's. Aber überleg nicht allzu lange, hörst du? Der Mond könnte ungeduldig werden, könnte hinter einer Wolkenbank verschwinden."

Er schaute prüfend zum Licht, dann sagte er, ohne zu zögern: „Ich wünsche mir den Himmel wieder so blau wie heute mittag." Ich sagte, verwundert lachend: „Und nun der zweite Wunsch, Torsten. Du darfst dir aber nicht irgendwas wünschen, mein liebes Kind, hörst du? Überleg doch mal." Er sagte leise: „Der zweite?" und machte eine Pause, dann fuhr er ernsthaft fort: "Ich wünsche mir immer so ein Feld unter den Füßen. So ein weites, von hier bis an den Himmel."

Ich meinte, den Atem der Erde zu spüren, ihr herber Geruch war köstlich. In maßloser Fülle drang Liebe zu diesem Kind in mein Bewußtsein. Ich stand auf und sagte mit großer Gebärde, sein Gesicht mit beiden Händen umschließend: „Torsten, Torsten, was soll's? Zwei Wünsche hast du verschenkt. Nun wähl gut aus. Dein dritter und letzter Wunsch."

Ich nahm die Sonnenbrille wieder ab und steckte sie weg. Schweigend gingen wir weiter bis zum Kreuzweg. Dort stand ein Mann mit Gummistiefeln und blauer Jacke, breitbeinig. Der Mann sagte zu mir: „Wo haben sie denn den Spinner aufgegabelt, he? Ich bin sein Vater. Komm her, Torsten. Hast' deine Hausaufgaben fertig?" Ich stand allein in der Nacht. Ich hatte etwas verloren, unwiederbringlich.

Vier Tage lang gehörte Simone uns

„Ich verließ den Kuhstall schwerfällig und müde. Alle paar Schritte zog ich meine Hose hoch. Der Wind jagte Strohhalme vom Feld heran, die Kälber rumorten in ihren Boxen", beginnt Klaus Segebarth. Er wirft mir unter dichten Brauen einen prüfenden Blick zu. Als er meine Aufmerksamkeit bemerkt, fährt er fort: „Ich kroch durch den Zaun, der unser Werkgelände (wir produzieren Kälber) vom Klinikhof trennt und betrat die Kinderklinik durch den Heizungskeller. Im Kellergang blieb ich stehen, bis ich ein Lachen hörte; vor mir stand meine Tante, sie ist dort Reinigungskraft.

„Was fällt dir ein, so spät zu kommen? Ich dachte schon, du würdest gar nicht mehr kommen. Ein Püppchen ist deine Simone – ein Püppchen."

Sie warf mir, noch während sie sprach, eine Zigarette zu. Und hörte auf zu lachen. Mit strengem Tonfall herrschte sie mich an: „Du mußt mit Professor Biergers reden, kapiert?

Wir stiegen vierunddreißig Treppenstufen."

Klaus Segebarth schweigt einen Augenblick. Sein Gesicht ist rot geworden, und die dichten Augenbrauen ziehen sich finster zusammen. Ich wende meinen Blick ab. Der Tisch, an welchem wir uns gegenübersitzen, ist mit leeren Bierflaschen, Geschirr, Nähzeug und Büchern bedeckt. Es gibt keine Ordnung. Überall liegt oder steht etwas herum. Der Raum wirkt wie überschwemmt mit Gegenständen. „Wir sollten Ordnung machen, was?", schlage ich vor.

Klaus Segebarth streichelt einen zusammengerollten, schlafenden Hund, der neben ihm auf einem Wäscheberg liegt. Seine Bewegungen haben etwas Ungeschlachtes. Ich wiederhole mein Angebot, weil ich denke, daß er mich nicht verstanden hat.

Aber er hat mich verstanden. Er antwortet leise: „Wozu? Sprechen wir über Simone. Sie lag in einem Brutkasten wie Schneewittchen in ihrem gläsernen Sarg. Ich sagte das auch zu der Schwester auf der Frühgeburten-Station. Die Schwester und meine Tante lachten mich aus. Dann nach einer Weile, als ihr glucksendes Lachen verklungen war, erklärte mir die Schwester alle Vorteile eines Brutkastens, und sie sagte auch noch: 'Das ist immer der Fall, ein sooo kleines Kind gehört in einen Brutkasten, auch ihre Tochter wird sich noch ein wenig wärmen müssen bei uns!'

Jeden Tag besuchte ich Simone. Hinterher fuhr ich mit dem Fahrrad in die Frauenklinik zu meiner Frau, die lag noch auf der Entbindungsstation, und dann sprachen wir darüber. Mit halbgeöffnetem Mund lag meine Frau da, und Dankbarkeit empfand sie gegen Gott. Einmal hob sie die Arme hoch empor ohne Schamhaftigkeit vor den anderen Frauen im Zimmer. Mit Erstaunen hörten wir ihre Worte: 'Du, mein Gott, was hätte ich ohne dich angefangen? Ich danke dir für dieses Kind!' Meine Frau sprach leise, mit weicher Stimme. Ich war erschrocken vom Stuhl aufgesprungen, weil ich nicht wollte, daß die anderen Frauen meine Rührung sahen.

Vier Tage lang blieb diese Freude und Dankbarkeit in uns. Am fünften Tag war Simone nicht mehr auf der Station. Ich ahnte die Wahrheit und fühlte mich übergangen und verlassen. Ich herrschte diesen Professor Biergers an: 'Wo ist Simone?' Ich stöhnte laut, als Biergers antwortete: 'Schreien Sie hier nicht so herum. Das war zu erwarten, ein sooo kleines Kind. Ich habe den Leichnam seziert. Wir haben die gut gefärbten Präparate ins Archiv gegeben und wollten Sie bitten...'

Wie Biergers so dastand mit weißem Hemd und bunter

Krawatte, den weißen Kittel offen, erschien er mir seltsam ungestaltet, häßlich. Ich hörte gar nicht mehr hin. Was er sagte, war Wind für mich, lästiger Wind. Ich unterschrieb einen Zettel, den er mir hinschob auf der Schreibtischplatte. Und dachte immer wieder dasselbe: Simone bekommt keinen Sarg. Simone ist ein Fall für die Wissenschaft geworden. Simone gehörte uns. Als sie gestorben war, bekam Biergers sie von mir geschenkt. Der Zettel ist wie eine Schenkungsurkunde. Ich haßte diesen Mann mit der bunten Krawatte in dieser Minute und sagte schließlich mit kantiger Gebärde, so als wollte ich Holz durchschlagen mit einer Axt: 'Mußte es ausgerechnet Simone sein? Was gehen mich Ihre gut gefärbten Präparate an, he? Bauen Sie sich doch selbst ein Fundament, auf dem Sie experimentieren können!'

Biergers verzog sein Gesicht zu einem resignierten Lächeln, schlug sich mit der Hand gegen die Stirn und erklärte: 'Nicht einmal ein einziges Hämoglobinmolekül können wir nachmachen. Begreifen Sie doch. Trotzdem und gerade deshalb müssen wir weiter forschen. Immer weiter. Müssen uns bemühen, Zusammenhänge, Systeme zu erkennen.'

Ich antwortete ihm nicht mehr. Ich verließ ihn grußlos. Ja, so war das. Ich war hinausgegangen und hatte ihn einfach stehengelassen. Ich konnte nicht mehr, damals. Verstehen Sie mich?"

Klaus Segebarth schließt für einen Augenblick die Augen. Ich sage: „Eine Tür bleibt offen. Das ist merkwürdig grausam und tröstlich zugleich, daß diese Tür einfach offen bleibt."

Er begleitet mich hinaus. Wie ich so allein mit ihm an meinem Auto stehe, kommt es mir zum Bewußtsein, daß ich noch gar nicht nach seiner Frau gefragt habe. Oftmals sprach sie mit mir davon, daß es notwendig sei, sich Gottes Willen zu unterwerfen und die Menschen so zu nehmen, wie sie sind. Es war eigenartig, niemals in all den Jahren unserer Bekanntschaft hatte sie über Simone gesprochen. Dabei sprach sie gern und viel und voller Nachsicht gegen sich selbst und ihre Umgebung. Ich trage ihm Grüße für sie auf, und als er mir erklärt, daß sie in den Wald gegangen sei, um Pilze zu holen, füge ich noch hinzu: „Dieser Sommer hat uns eine gute Ernte gebracht." Er sagt: „Was es doch für Freude gemacht hat, einen wirklich guten Namen zu finden für ein so kleines Kind."

Warten im Vorraum

Der Operationsbeginn würde sich also verschieben! Ein Unfall war dazwischengekommen. „Wir sind ja warten gewöhnt", versuchte sie lustig zu sagen, aber ihre Worte kamen klanglos heraus, und die Schwester blickte sie mitleidig an. Erika Holz war um sieben Uhr dreißig auf der Trage in den Vorraum des Operationssaales geschoben worden. Seitdem lag sie hier, etwas zittrig, unter dem Laken, das bis zum Hals reichte. Sie versuchte durch eine andere Lagerung das Zittern loszuwerden. Als es ihr nicht gelang, tat sie so, als gäbe sie einer Laune nach, – sie sagte zu sich selbst: 'Dann zittere ich eben, ist doch kein Wunder. Was für ein häßlicher grauweißer Ölanstrich an den Wänden. Und dann das trübe Licht da oben an der Decke. Nicht einmal ein einziges Fenster hat dieser Raum, um auch nur den kleinsten Lufthauch hereinzulassen.' Sie streckte den Arm unter dem Laken aus, ihre Hand fand mühelos die Wand. Sie stieß sich ab, so daß die Trage nun etwas weiter weg stand von der grau-weißen Wand. Sie fühlte, wie das Warten auf die Operation durch Stille und Halbdunkel ihr allmählich immer mehr auf die Nerven ging. Viel zu lange wurde sie schon hier in diesem Vorraum stehengelassen. Vielleicht kam ihr das aber auch nur so lange vor; sie mußte jetzt an zu Hause denken, an die beiden Kinder und an Horst, ihren Mann. Plötzlich stieß sie einen seltsamen Schrei aus, der in Schluchzen überging. Danach war sie einen Augenblick irgendwie erschrocken über sich selbst, gleichsam wie gelähmt. Sie entsetzte sich halblaut: 'Wie kann sich ein erwachsener Mensch nur so einsam, so verlassen fühlen.'

Sie lauschte zur Tür hin, aber es konnte sie keiner

gehört haben. Wohin waren all ihr Erwachsensein, ihre Erfahrungen? Sie war doch immer sehr stolz darauf gewesen, einen klaren Kopf zu behalten und resolut zu sein. Jeder wußte doch, daß gerade s i e nicht sentimental war und einen klaren, nüchternen Blick für alles besaß.

Sie begann nun zu zählen, und sie zählte bis hundert und hörte dann wieder auf. Etwas sträubte sich in ihr. Sie begann, über sich nachzudenken. Als ihr Sohn Jugendweihe hatte, sagte ihr Mann: „Die Einsegnung hat der Pastor ja nun versäumt. Oder haben w i r sie versäumt? Es geht auch ohne Gott." Mit ihrem Entschluß, sich hier in diesem katholischen Krankenhaus operieren zu lassen, war ihr Mann einverstanden. Er sagte, daß er ihn richtig finde. Und daß es ganz gut sei, daß die Operation nicht irgendeiner mache, sondern der beste Operateur der Stadt. Und die Kinder hatten gerufen: „Hoffentlich kommt Mama bald wieder!"

Ach ja, die Kinder! Erika Holz seufzte und wischte sich mit dem Handrücken über die Augen, und sie war wiederum erschrocken, als sie feststellte, daß sie weinte. Sie fand keine Ruhe. Sie hatte in der vorigen Nacht nicht geschlafen. Das hing wohl auch mit ihrer Arbeitszeit zusammen. Die Arbeit im Stall begann um zwei Uhr früh, so daß sie eine Stunde nach Mitternacht aufstehen mußte, um pünktlich zu sein. Zu Hause hatte sie einen anderen Schlafrhythmus. „Ach ja, zu Hause", seufzte sie. Am schönsten war es immer, wenn sie alle zu Hause beisammen gewesen waren. Sie hatten an der sonnigen Hauswand gesessen, den Blick zur Dorfstraße, über sich die Wolken und die Möwen und vor sich den frisch gebackenen Stachelbeerkuchen und den dampfenden Kaffee. Erika Holz faßte die Ränder der Trage, sie griff nach dem kühlenden Eisen. Das Eisen war leblos und tot, wurde jetzt warm in ihrer Hand, und sie suchte für die heiße Hand eine neue kühle Stelle. So kann das doch nicht weitergehen. Ihre Gedanken jagten. 'Das Entscheidene ist , daß einer sein Auskommen und sein Ansehen hat', dachte sie, 'das ist doch ziemlich wichtig, aber das ist es nicht allein.' Jeder hatte seine eigenen Maßstäbe für das Leben, s i e hatte ihre Maßstäbe für i h r Leben. In diesem Augenblick glaubte sie, alle verachten zu müssen, die andere Maßstäbe hatten als sie. Doch dann sagte sie sich sogleich: 'Das ist doch heller Wahnsinn, wem gilt denn meine Verachtung? Wem denn? Vor irgend etwas fürchte ich mich doch. Wenn bloß die Kinder hier wären. Eigentlich sind die Kinder so gesund aufgewachsen, immer im Freien, immer an der frischen Luft. Solange sie noch klein waren und mich brauchten, habe ich doch nicht gearbeitet. Erst später, als sie schon eine Zeitlang in die Schule gingen, habe ich wieder angefangen im Kuhstall, als Melkerin. Erst viel, viel später.'

Das Herz schlug ihr bis zum Halse. Sie wünschte, sie wäre nie, nie hierher gekommen. Aber dann dachte sie: 'Der Chirurg hier ist gut. Aber Horst hat mir erzählt, daß er auch bloß ein Mensch ist. Er hat ihn einmal in einer Ausflugsgaststätte getroffen. Vielleicht hat der Chirurg gestern wieder einen Ausflug gemacht? Vielleicht hat er sogar Bier getrunken. Nicht einmal ein Treckerfahrer darf Bier trinken! Bloß in der Freizeit. Ja, in der Freizeit darf er das. Ja, in der Freizeit dürfen alle Bier trinken'. Ja, in der Freizeit durfte auch ihr Mann, der Treckerfahrer Horst Holz, Bier trinken.

Sie dachte schon wieder an die Kinder und daran, daß sie sich selbst immer für die kompletteste Frau und Mutter gehalten hatte. Ja, ihre Kinder hatten doch immer die kompletteste Mutter gehabt, die ihnen das herrlichste Essen kochte. Das war doch ganz selbstverständlich gewesen, darüber gab es doch überhaupt kein Gerede.

Erika Holz verzog ihr Gesicht, wenn sie an die Arbeit im Stall dachte. 'Ich heiße Holz, Erika Holz.' – Bernhard Niemeyers Säufergesicht grinste sie feindselig an. Bei ihrer Bewerbung war keine Rede davon gewesen, daß ausgerechnet dieser Mensch mit ihr zusammen im Vierziger-Stall in einer Schicht sein würde. Und es ging ja auch nicht gut, das hatte sie doch im Gefühl gehabt, schon als sie ihn sah. Er herrschte sie an und verlangte, daß sie einen Teil seiner Arbeit mitmache und verhöhnte sie außerdem. Aber sie war dann mit dieser Angelegenheit ziemlich schnell fertig geworden. Sie erinnerte sich noch genau an den Tag, an dem die Schulung war, an all die Worte und an das Gelächter und vor allem an die Ausführungen des Rinderzuchtmeister, der so anfing: „Zuerst die Krippe saubermachen, dann bekommt die Kuh als Kraftfutter Schrot. Danach wird die Kuh gemolken..." Der Rinderzuchtmeister sagte dann auch noch, daß wieder Lehrgänge vorgesehen sind für alle möglichen Qualifizierungen, entweder zum Facharbeiter oder zum Melker oder zum Kälberpfleger oder Fütterungstechniker, je nachdem. Das war der Augenblick, als sie, Erika Holz, einhakte. Sie schrie aus vollem Halse: „Oder zum Saufkopp könnt ihr euch qualifizieren! Ja, zum Saufkopp!" Und dann ging sie quer durch den Raum zu Bernhard Niemeyer, setzte sich neben ihn hin. Die Kollegen lachten laut, aber einer vom Vorstand, der dabei war und nicht lachte, rief ihr zu, ob sie es gar nicht eilig habe, nach Hause zu kommen, die Schulung sei jetzt zu Ende, und er wolle sie ein Stück in seinem Wagen mitnehmen.

Nein, sie hatte es nicht eilig gehabt, an diesem Tag schon gar nicht. Sie fühlte sich wohl und hatte es überhaupt nicht eilig an diesem Tag. Und die Kollegen hatten ihr atemlos zugehört, je länger sie nun redete, so daß sie frei von der Leber weg über den alten Bernhard

Niemeyer und das Schnapstrinken und das schlechte Arbeitsklima sprechen konnte. Der alte Bernhard hatte sich vorher nie mit ihr auf ein vernünftiges Gespräch eingelassen. Jetzt aber grinste er beschämt wie ein ertappter Dieb. Der Vorstand war einsichtig. Der alte Bernhard Niemeyer blieb im Vierziger-Stall, bekam einen Mann als Mitarbeiter, und sie kam in den Achtziger-Stall, wo es eigentlich keinen größeren Ärger mehr gegeben hatte. Der alte Bernhard Niemeyer grinste später verlegen, wenn sie sich trafen. Und sie konnte es nicht unterlassen, wenn keine Zeugen in der Nähe waren, „oller Saufkopp" zu ihm zu sagen. Manchmal war es ihr erschienen, als ob sich der Körper des Alten krümme. 'Ach der', hatte sie aber dann nur gedacht.

Ruhelos warf sich Erika Holz hin und her. Da fiel ihr Blick auf den Spruch an der Wand: Ich bin bei dir bis an das Ende der Tage. 'Das ist aus der Bibel', schoß es ihr durch den Kopf, 'und die Bibel ist Gottes Wort.'

Jedenfalls hatte es ihnen so der junge Vikar mit der Nickelbrille gesagt, der damals ganz jung ins Dorf gekommen war und immer rot wurde, wenn ihn die kichernden Mädchen anblickten. Es war nicht richtig gewesen, daß sie sich mit dem alten Bernhard so lange angelegt hatte und so nachtragend gewesen war. Er war doch auch ein Mensch...

Merkwürdig, daß sie Gott so vergessen konnte all die Jahre. Merkwürdig, daß sie das Allerwichtigste vergessen hatte; denn sterben mußte sie ja doch, wenn nicht heute, dann später... irgendwann.

Und Gott war wieder der liebende Vater, der immer für sie da war, auch jetzt für sie da war, nach all den vielen Jahren. Heiß stieg die Hoffnung in ihr auf . „Herr Jesus, laß mich leben", murmelte sie, „hier und auch nach dem Tode in der anderen Welt; aber auch hier, Herr Jesus, denn ich muß mit den Kindern noch über das Wichtigste sprechen. Und mit dem alten Bernhard Niemeyer will ich mich aussöhnen, die alten Geschichten ruhen lassen."

Als Erika Holz nun das Vaterunser lautlos sprach, kam auch die Bitte „Herr, vergib uns unsere Schuld, wie auch wir vergeben unsern Schuldigern" ohne Stocken über ihre Lippen.

Als die OP-Schwester hereinkam, um die Patientin Erika Holz endlich in den Operationssaal zu holen, wunderte sie sich einen Augenblick, wie ruhig und gefaßt diese Patientin war, die doch so lange im Vorraum hatte warten müssen.

Frank

Als sein Vater das Haus verlassen hatte und zum Werkbus ging, der um fünf Uhr dreißig abfuhr, befiel ihn diese qualvolle Sehnsucht nach seiner Mutter. Er richtete sich im Bett auf, sein Blick irrte durch das dämmrige Zimmer, verweilte kurze Zeit auf den vertrauten Gegenständen. Es waren nur wenige, die in dem schmalen, schrägwandigen Raum Platz gefunden hatten: ein dunkelbrauner Kleiderschrank, ein grüner Kachelofen mit einer ausgebrochenen Kachel und einem schwarzen Ofenrohr, das an der Wand entlangführte bis zum Schornstein, zwei Stühle und die Liege mit dem Bettzeug des Vaters. Er horchte zum Fenster hinaus. Die Stille erschien ihm unerträglich. Endlich drangen gedämpfte Laute nach oben. Die Bewohner der unteren Wohnung, ein alter Mann und eine Frau, standen auf. Ein Schimpfwort schwirrte zu ihm hoch. Er dachte: 'Wie sie gleich losschimpfen, wenn sie aufgestanden sind.'

Frank war drei Jahre alt, als seine Mutter aus seinem Leben verschwand. Sie war nicht gestorben, sondern eines Nachts fortgegangen, ohne daß es im Haus jemand bemerkt hatte. Als er die Frau aus der unteren Wohnung nach ihr fragte, begann diese leise zu weinen. Der alte Mann sagte: „Deine Mutter fürchtete sich, wenn der Wind auf dem Dachboden heulte wie ein hungriger, obdachloser Hund. Sie ist viel zu jung für das alte Haus, viel zu lebenshungrig, sie ist ganz anders als dein Vater."

Sein Vater vermied es, mit ihm über die Mutter zu sprechen. Fragte er ihn, so antwortete er nur zögernd oder überhaupt nicht. Alle Fotos und Gegenstände, die an sie erinnerten, hatte er verbrannt. Er war ein schlanker

Mann mit einem holzschnittartigen Gesicht und auffallend wohlgeformten Händen. Seine Bewegungen hatten etwas Lautloses. Er arbeitete in der nahegelegenen Werft als Anreißer. An den Wochenenden reparierte er alles, was ihm die Leute aus der Nachbarschaft anschleppten: Kartoffeldämpfer, Kaffeemühlen, Hundeleinen, Mopeds und mitunter auch Radioapparate und Schreibmaschinen.

Frank sah sie vor sich, immer sah er sie, sonnabends und sonntags und nach Feierabend. Da standen sie, die Nachbarn aus dem gleichen Haus und die Bewohner aus dem Dorf und manchmal auch die aus den Nachbardörfern. Da standen sie auf dem Hof, die Männer in Gummistiefeln und Joppen, die Frauen mit einem bunten Kopftuch. Ihn, den Jungen, nahmen sie nicht ganz ernst, und er konnte, wenn er hinter ihnen stand, sehen, daß sie verstohlen, wie für alle Fälle, nach den Geldbörsen in ihren Taschen kramten. Doch wenn sein Vater mit einem Dankeschön zufrieden war, ließen sie die Geldbörsen in den Taschen stecken. Und Frank wußte, seinem Vater war viel an dem Ansehen, welches er bei den Nachbarn genoß, gelegen. Ja, es gefiel seinem Vater über alle Maßen, wenn die Zufriedengestellten wieder abzogen und behaupteten, er sei ein feiner Kerl, oder wenn sie murmelten: „Hei is'n geniolen Kopp." Manchmal lief es wie ein Zucken von Schmerz über das Gesicht seines Vaters.

„Mama", flüsterte Frank.

Er stierte zum Fenster hinaus, es war nun hell geworden. Schließlich zog er seine Kleider an, sorgfältig, ohne Hast, wie für den Schulgang. Über den Dachboden hüpfte er wie ein sehr kleines Kind, an der alten Räucherkammer vorbei, in welcher die Katze des Vaters miaute, zehn Treppenstufen abwärts. Er verließ das Haus. Eine Zeitlang trieb er sich auf dem Hof herum hinter der großen Scheune, in der noch Getreide lagerte von der Genossenschaft. Er beobachtete die Krähen, wie sie sich auf der weiten Ackerfläche niederließen. Mit rudernden und schwingenden Armbewegungen, den Vogelflug kopierend, rannte er über den ungepflügten Acker bis an den Waldrand. Auf einem Baumstumpf hockte er sich nieder. Ein warmer, nach Fichtennadeln duftender Hauch stieg aus der Erde auf.

'Was soll ich nur sagen? Ach was, es kommt ja gar nicht raus. Papa wird es nicht erfahren, daß ich die Schule schwänzen muß. Ich kann nicht mit verheultem Gesicht in die Schule.' Nach diesen Überlegungen erhob er sich wieder, der Wald nahm ihn auf. Er schlenderte stundenlang durch den Wald fast bis an das Meer. Als er am späten Nachmittag endlich umkehrte und nach Hause lief, rieselte ein feiner Regen nieder.

„Großartig", sagte Wolfgang Below, Franks Vater, „du hast die Schule geschwänzt? Ich habe deine Lehrerin getroffen. Aber eines mußt du wissen, ich versteh' dich nicht. Weshalb hast du das getan? Ich..."

Er brach ab und lächelte unsicher. Plötzlich stieß er hervor: „Was fehlt dir denn? Wir haben satt zu essen. Wir haben jeden Sonntag ein besonders schönes Mittagessen, ich gebe mir soviel Mühe beim Kochen. Im Winter haben wir immer einen schönen warmen Ofen. Holz ist da, mehr als genug. Einen neuen Trainingsanzug habe ich dir gekauft, obwohl dein alter noch gut war. Wir wollen uns einen schwarzen Wolfshund kaufen, so einen schönen. Zwingerumzäunung und Hundehütte und dergleichen baue ich selbst. Ich habe es dir versprochen. Ja, das ist wahr. Versprochen bleibt versprochen, und nun machst du dergleichen Dinge? Frank, was ist mit dir los?"

Der Junge sagte leise: „Ich war heute so traurig. Ich mußte soviel an Mama denken. Wo lebt sie? Wo denn?

Wo?" Wolfgang Below antwortete mürrisch: „Irgendwo. Laß mich doch damit in Ruhe. Sie ist eine dumme Gans gewesen, nicht sehr verständig. Ach was, eine Rabenmutter ist sie. Es ging ihr bei mir viel zu gut, das ist die Wahrheit. Viel zu gut ging es ihr. Ich habe doch alles gemacht, was in meinen Kräften stand. Ich mache heute noch alles, oder etwa nicht?"

Frank brach in Tränen aus. Sein Vater sagte mit freundlicherem Tonfall: „Heul doch nicht. Zieh dich um. Du bist durch den Regen gelaufen. Du kannst dich erkälten, und das ist eine schlimme Sache für einen Jungen wie dich, der drei Kilometer zu Fuß an die nächste Haltestelle gehen muß, um mit dem Bus zur Schule zu fahren."

Frank sagte trotzig: „Ich will mich erkälten."

Er lief auf dem Dachboden hin und her, lehnte sich eine Weile an die Kammertür, hinter der noch immer die Katze miaute.

Sein Vater sagte: „Frank, laß sie heraus und gib ihr einen Bückling oder Milch." Während Frank nun die Katze versorgte, stellte sein Vater große Schüsseln aus Emaille unter die Dachziegel, durch die der Regen tropfte. Als er die dritte Schüssel unter einen Dachziegel schob, durch welchen das Regenwasser in kleinen Rinnsalen drang, donnerte er los: „Die sollen endlich das Dach neu decken. Die Dachziegel, die sie angefahren haben, verrotten im Hof. Ich muß eine Eingabe machen in der Kreisstadt. Ja, selbstverständlich, ich mache die Eingabe beim Rat des Kreises. Was denken die sich hier in der Genossenschaft, he? Schließlich zahlen wir ja Miete an die Genossenschaft und können dafür wohl wenigstens ein heiles Dach über dem Kopf verlangen, was? Oder wie denkst du darüber, Frank?"

Der Junge blickte forschend in das Gesicht seines Vaters. Schließlich sagte er mit weinerlicher Stimme: „Papa, hör doch auf damit. Immer redest du vom Dachdecken und vom Vorsitzenden und von der Genossenschaft und von der Werft, von deinem Gewerk, wo du arbeitest. Von den Nachbarn auch, für die du alles machst. Aber was soll ich damit? Ich will endlich wissen, wo Mama lebt. Mama soll zu mir kommen. Hast du gehört? Sie soll."

Sie kam zu ihm: Ihr Kleid war aus weißer Seide und mit Perlen bestickt. Sie trug blaßrote Blüten im Haar. Und ihr Haar war schöner als Bernstein. Kleine rote Schuhe mit Silberschnallen sahen unter ihrem langen Kleid hervor bei jedem Schritt, den sie machte. Sie war jung. Er streckte ihr seine Hände entgegen. Sie trat an sein Bett und faltete die Hände: „Verzeih deiner Mama, daß sie dich verlassen hat." Sie kniete nieder. Als sie ihn küßte, schrie er laut auf und erwachte.

Im Wohnzimmer wischte sein Vater mit wichtiger Miene Staub. Frank sagte: „Papa, soll ich runter gehen auf den Hof und die Kommission erwarten?" Sein Vater befahl ihm, sitzen zu bleiben. Er wischte mit dem weichen Staublappen über das künstliche Obst aus Plaste und rückte den Obstteller etwas näher an die Vase mit dem Schilfgras. Frank sagte: „Die Dosen stehen ganz schief." Er kletterte auf einen Stuhl und fingerte an den leeren Konservendosen mit englischer Beschriftung, die oben auf dem Schrank als Zierat ihren Platz gefunden hatten. Das Motorengeräusch eines Wagens war zu hören.

„Geh", befahl nun sein Vater, „und sag ihnen, daß ich auf sie warte, ich will ihnen zeigen, wo es durchgeregnet hat." Frank ging hinaus. Kurz vor der Haustür strich er sich noch das Haar glatt. Auf dem Hofplatz neben einem roten PKW sowjetischer Bauart stand eine Menschengruppe: drei Männer und eine Frau. Das Gesicht der Frau war auffallend blaß, zwischen den Brauen lag eine Falte, die sich noch vertiefte, als er auf sie zukam.

Frank sagte: „Papa ist oben in der Stube, Sie sollen mitkommen."

Die Frau nickte ihm freundlich zu und sagte zu den Männern: „Also gehen wir auf den Dachboden. Die Bürger wollen uns gleich an Ort und Stelle empfangen. Sehen wir uns an, wo es durchgeregnet hat." Ihre Stimmen klang warm, aber ihre Augen blickten bekümmert, als sie vom Dachboden sprach, und Frank wunderte sich, daß sie sofort den Weg fand und die Stubentür öffnete und hineinging zum Vater, ohne anzuklopfen, als sei sie hier zu Hause. Die Tür ließ sie offen. „Ach entschuldigen Sie, ich habe gar nicht angeklopft, mein Name ist Below. Ich heiße Ingrid Below und bin die Vorsitzende der Kommission, die ihre Eingabe überprüft."

Frank wunderte sich über seinen Vater, der sich nur zögernd erhob, der fremden Frau nur zögernd sein Gesicht zuwandte, endlich mit hüstelnder Stimme sagte: „Ich habe dich an deinem Gang erkannt. Du bist die Vorsitzende? Auch gut. Sehen wir uns das Dach an."

Der gequälte Gesichtsausdruck seines Vaters ließ Frank ängstlich werden. Er stellte sich hinter einen Schornstein. Die Kommissionsmitglieder rückten neugierig zusammen und warfen sich Blicke zu. „Was soll das?" hörte Frank sie fragen.

Die Frau sagte: „Du lebst immer noch hier?" Und Frank sah, daß ihre Hand zitterte, als sie in einem Notizblock blätterte.

„Ja", sagte sein Vater und gleich darauf nochmals „Ja".

Die fremde Frau sprach zögernd weiter wie zu sich selbst: „Geheiratet hab' ich nicht. Ich habe ein Fernstudium gemacht. Ich bin nicht mehr die alte. Ach Wolfgang." Sie seufzte laut auf und fuhr dann fort: "Du warst so entsetzlich trotzig, aber du hattest recht in vielen Dingen. Ich war jung und du so entsetzlich trotzig."

Nun trat ein peinliches Schweigen ein. Endlich sagte ein breitschultriger Mann mit kariertem Hemd und gelbem Schlips: „Kollegin Below, es ist alles klar, das Dach muß neu gedeckt werden. Im August rückt die Komplexbrigade an."

Die Kommission hatte den Dachboden wieder verlassen. Frank trat aus seinem Versteck hervor. Sein Vater rauchte eine Zigarette, ließ die Asche fallen, drückte die angerauchte Zigarette mit der Schuhspitze auf den Dielenbrettern aus. Das entsetzte Frank. Er sagte: „Papa, was ist denn bloß los mit dir? Wer war das? Die fremde Frau hat ja Wolfgang zu dir gesagt."

Sein Vater antwortete: „Frank, das war deine Mutter." Frank verzog sein Gesicht unter der Anstrengung eines mühsamen Begreifens. Er stöhnte laut auf und rannte die Treppe hinab. Ingrid Below hatte den Fahrer des Dienstwagens vorausfahren lassen. Sie hatte ihn gebeten, an der Fernverkehrsstraße auf sie zu warten. Wieder verließ sie allein den Dachboden und das alte pommersche Haus, das mitten auf dem Acker steht zwischen Waschow und Subzow. Sie ging langsam den ungewohnten, unebenen Feldweg, hemmungslos weinend.

„Mama!"

Sie wandte sich um, ihr Blick erfaßte ihn ganz: Seine nackten Füße blieben im Schlamm einer Pfütze stecken, liefen dann achtlos weiter. Frank übersprang die nächste Pfütze, wobei sein linker Fuß flüchtig hineintauchte.

„Mama!" Er keuchte: „So siehst du aus?"

„Kind, so seh' ich aus."

Er begann, sie hemmungslos zu küssen, als wollte er sie schelten. Sie befreite sich aus der Umklammerung, weinend und lachend.

„Mama, ist es dort schön, wo du lebst?"

Sie schaute ihn lange zärtlich an, bevor sie antwortete: „Ich kann es dir nicht sagen, ob es dort schön ist.

Nein, wirklich nicht." Und sie drehte sich um, nur auf einen Blick. Wolfgang Below war beiden langsam nachgekommen.

Er sagte: „Ingrid, wirst du uns besuchen?"

Sie antwortete: „Nein! – Es ist an der Zeit, zurückzukommen."

Das ungeputzte Fenster

„Von meiner frühesten Jugend an fühlte ich Mitleid mit den Tieren. Ganz unfaßbar erschien mir, schon ehe ich in die Schule ging, daß ich in meinem Abendgebet nur für die Menschen beten sollte. Darum, wenn meine Mutter mit mir gebetet und mir den Gutenachtkuß gegeben hatte, betete ich heimlich einen von mir selber verfaßten Zusatz für alle lebendigen Wesen. Er lautete: Lieber Gott, schütze und segne alles, was Odem hat, bewahre es vor allem Übel und laß es ruhig schlafen."

Albert Schweitzers Lehre von der Ehrfurcht vor dem Leben stimmte ihn nachdenklich. Das Buch lag vor ihm aufgeschlagen auf der Tischplatte, und jedesmal, wenn ihn dieser schreckliche Schmerz befiehl, der ihm das Leben zur Qual machte, las er eine Weile darin. Er hatte sonst immer nur in seinen Fachbüchern gelesen. Professor Hanslinger las langsam und scheu, und manchmal kam es ihm so vor, als habe er das Leben noch gar nicht begriffen, und er begann zu fragen: Wo bin ich hergekommen? Wo gehe ich hin? Mein Leben neigt sich dem Ende zu. Was wird dann sein mit mir?

Auf der Tischplatte lag auch eine abgegriffene alte Bibel, Fräulein Erna Schinz, seine Hausangestellte, hatte sie bei einer Entrümpelung des Dachbodens gefunden und gefragt, was nun damit werden solle. Professor Hanslinger wußte es nicht – seitdem lag sie hier auf der Tischplatte.

Der weißhaarige Mann neigte sich weit vor, denn er bemerkte einen Marienkäfer, der über das Fensterglas kroch.

„Das letzte, was mir geblieben ist – du bist die Freude." Professor Hanslinger lächelte wehmütig, und seine Frau schrie auf und wiegte den Kopf hin und her, weil seine Worte sie entsetzten.

„Sei lieb, leg dich wieder ins Bett, hier sind deine Krücken." Sie schob ihm die Krücken hin. Professor Hanslinger klopfte mit der rechten Hand gegen das Fensterglas, und seine Stimme zitterte:

„Eine schöne Zeit ist es gewesen, dachten wir immer. Die Tage eilten dahin mit unmerklicher Schnelligkeit, jeder einzelne war erfolgreich oder nicht. Wir lächelten. Wir lächelten ganz unterschiedlich: Manchmal lächelten wir spöttisch – ein anderes Mal höflich. Weshalb lächelten wir so? Dieses Lächeln gefällt mir nicht mehr. Warum lächelten wir denn nur so? Wir sind von Erfolg zu Erfolg gehüpft und wie auf Krücken! Da, wie diese Krükken, die du mir hingeschoben hast, war unser Lächeln."

Frau Hanslinger sagte: „Was redest du da? Denk an deine Arbeit im Institut. Und dann die Lehrbücher. Ja, du siehst mich so verständnislos an. Die Lehrbücher, die du geschrieben hast, zählen die nicht?" Sie zwinkerte ihm nervös zu und sagte mit empörtem Tonfall: „Was heißt hier Lächeln? Ja, ist denn das alles, was du geleistet hast? Was wir beide geleistet haben? Ich lebe bald vierzig Jahre mit dir zusammen. Ich habe dich immer für einen glücklichen Menschen gehalten."

Professor Hanslinger schwieg und schaute auf das Fensterglas. Sie folgte seinem Blick. Der Käfer hatte das Fensterkreuz erreicht.

„Ein Siebenpunkt", sagte Professor Hanslinger, „kleiner roter Käfer mit schwarzen Punkten. Ach", seufzte er laut und fuhr dann fort mit leiser Stimme, so als wollte er ein Geheimnis ausplaudern: „Als Kinder haben wir immer das Lied vom Siebenpunkt gesungen – Siebenpunkt komm näher..."

„Wo kommt der Käfer her? Und mitten im Winter? Meine Güte, ist das Fenster verdreckt, Fräulein Erna muß das Fenster putzen!" stieß Frau Hanslinger hervor, eine Zeitung ergreifend. Sie schob die gefaltete Zeitung gegen das Holz.

„Laß das", sagte der alte Mann mit harter Stimme, die ihr ganz ungewohnt war und sie ratlos machte, „der Käfer bleibt. Später, im Frühling, fliegt er in den Garten. Du wirst Fräulein Erna davon in Kenntnis setzen, daß sie nicht mehr das Fenster berührt. Hast du gehört? Dieses Fenster bleibt so, wie es ist. Ich wünsche nicht, daß es, solange der Siebenpunkt hier bei mir lebt, gesäubert wird."

Am Abend jenes merkwürdigen Bescheids, den Professor Hanslinger seiner Frau gab, wurden die Schmerzen wieder stärker. Der Beinstumpf hatte nach der Operation weder geeitert noch gefistelt. Trotzdem schmerzte er, und der Schmerz steigerte sich oftmals bis ins Maßlose. Professor Hanslinger nahm seine Tabletten ein.

„Oh, oh, ich halte die Schmerzen nicht aus. Oh! Wieder höre ich das Winseln der Hunde. Im Tierstall neben der Chirurgischen Klinik leben die Versuchshunde.

Warum hilft man ihnen nicht? Oh, ich fürchte mich vor einer zweiten Operation. – Warum quälen's denn so die Hunde, Herr Kollege? Haben's denn keinen Tierarzt da? Die Hunde winseln und weinen wie ich. Warum halten's die Hunde so schlecht? In einem so engen Stall und ohne Bewegung? Die Hunde dienen der Wissenschaft. Die Hunde müssen's doch gut haben – so wie's jetzt ist, paßt's nit in unsere Zeit. Nein, 's schickt sich nit mehr. Leben's hier in Vorpommern noch in der Tertiärformation, Herr Professor? Oh, ihr seid wie die Maulwürf', ihr Herrn, ihr fürchtet das Licht!" Zuletzt krächzte Professor Hanslinger.

Frau Hanslinger preßte ihm beide Hände auf die Schultern, sah ihn an mit entsetztem Blick und sagte leise: „Ich bin doch bei dir. Ich bin doch da."

Sie begann, ihn zu streicheln, hastig weitersprechend: „Es war ein gutes Leben, das wir hatten. Alles war so gut. Alles. Und nun mußt du schlafen. Morgen ist ein neuer Tag. Morgen geht es dir schon besser."

Das war im Januar. Die Monate vergingen: Februar, März, April.

Früh am Morgen wurde Professor Hanslinger durch ein Lied geweckt: Im Garten sangen die Vögel. Frau Hanslinger zog die Vorhänge zurück. Hoher blauer Nordhimmel. Sonnenlicht drang durch das Fensterglas, ergoß sich über das Bett, tauchte das Greisengesicht in Strahlenfülle, Professor Hanslinger lag in der Lichtflut, und sein Gesicht hatte etwas Unbekanntes, Fremdes.

„Höchste Zeit, daß es Frühling wird. Heute putzt Fräulein Erna dein Fenster. Meine Güte, wie sieht das Fenster aus", erklärte mit energischem Tonfall Frau Hanslinger. Daß Fräulein Erna diejenige war, die fast lautlos und fast unsichtbar den Haushalt versah, begriff er nicht mehr. Es fiel ihm aber ein, daß er vielleicht gut daran tun würde, seine Frau nach besagtem Fräulein zu fragen, aber dann vergaß er es sogleich wieder. Ihm wurde auch plötzlich sehr heiß und etwas übel, und ein Gefühl der Angst kam in ihm auf. Er dachte: 'Es ist Frühling geworden?' Das ängstliche Gefühl verging wieder, und das Lied vom Siebenpunkt stimmte ihn heiter. Er begann zu summen.

Frau Hanslinger sagte mit zufriedenem Lächeln: „Sieh nur, die Kirschen blühen. In einer einzigen Nacht sind alle Knospen aufgesprungen, ist das nicht wunderbar?"

Siebenpunkt hob und senkte seine zarten Flügeldecken. Und kroch langsam über das Fensterglas. Professor Hanslinger erhob sich und hüpfte ans Fenster, ließ sich in den Sessel nieder.

Sein Taschenmesser fiel ihm plötzlich ein. Zu seinem zehnten Geburtstag hatte er von seinem Vater ein sehr schönes Taschenmesser mit einer echten Solinger Klinge bekommen.

Professor Hanslinger senkte seinen Kopf, vor seinem geistigen Auge blieb eine Zeitlang das Bild aus der Kindheit. Als er den Kopf wieder hob, begegnete sein Blick einem lachenden Augenpaar: Ein Kind stand vor seinem Fenster und schaute ihn an. Er stand auf und öffnete das Fenster weit, Siebenpunkt flog hinaus in den Garten.

„Soll ich dich mal besuchen?", fragte das etwa acht Jahre alte Mädchen. Und als er schwieg, fügte es hinzu: „Ich habe doch Zeit. Mein Vati und meine Mutti sind immer arbeiten. Du bist immer zu Hause? Bist du krank?"

Er schluckte und kam vollends aus der Fassung. Schließlich sagte er: „Ich tät mich riesig freu'n, wenn du mich mal besuchst. Und dann zeig ich dir mein Taschenmesser, es hat eine wunderbare Solinger Klinge, und ich erzähl' dir vom Herrn Hühnerwadel, was mein Lehrer g'wesen ist. Im Säle ganz hinten links tät ich sitze, weißt, durch den Flur geht's durch.

Professor Hanslinger lächelte, als wollte er um Verzeihung bitten. Dann schloß er sein Fenster und ließ sich wieder in den Sessel fallen. Er lächelte noch, als Fräulein Erna Schinz mit einem Putzeimer das Zimmer betrat und ihn fand...

Professor Hanslinger wurde ohne Pfarrer bestattet. Aber Frau Hanslinger betete zusammen mit Fräulein Erna Schinz das Vaterunser. Da sie Katholikin war, ließ sie ein Jahr lang allmonatlich eine Messe für ihn lesen.

Ein Mann kam aus Sachalin

Es war an einem kalten Wintertag während der Haupteinkaufszeit. Etwas abseits vom Eingang des großen Kaufhauses mit seinem nicht endenden Passantenstrom standen zwei Frauen. Mit lauten Stimmen redeten sie aufeinander ein. Vor dem rechten Schaufenster des Kaufhauses war ein himmelblauer Kinderwagen abgestellt. In dem schrie lauthals ein Säugling. Das kleine Kindergesicht war aufgedunsen und blaurot angelaufen. Die Passanten hasteten vorüber, und ungehemmt schwollen die Stimmen der beiden Frauen weiter auf und ab.
Wolodja war elftausend Kilometer in diese Stadt gereist, in deren Nähe das neue Kernkraftwerk gebaut wurde, wohin man ihn gerufen hatte. – Er stand eine Weile still und betrachtete aufmerksam die gotischen Formen des Hauses Nummer 11, dann ging er weiter, über den großen Marktplatz bis zum Rathaus. Hier bog er in den kleinen Fischmarkt ein. Den beiden romantischen Giebelhäusern galt sein Interesse, die mit dem Ostgiebel der Nikolaikirche ein reizvolles Motiv für ein Foto waren.

'Ich schenke es später Tanja', sagte sich Wolodja, ging auf die andere Straßenseite, um sich einen günstigen Standort zum Fotografieren zu suchen, und kam so vor das große Kaufhaus. Das Kinderweinen hörte sich herzzerreißend an.

„Was es wohl haben mag, das liebe Kleine", murmelte Wolodja und gab sein Vorhaben zu fotografieren zunächst einmal auf. Er trat an den Kinderwagen und schaute hinein, suchte, in dem verweinten Gesichtchen etwas zu entdecken, was ihm Auskunft geben konnte über den Grund des Weinens. Als seine Augen den

Augen des Babys begegneten, diese liebevoll festhielten, wurde das Weinen schwächer und hörte schließlich ganz auf. „Ach, ach", sagte Wolodja, „vielleicht sollte Onkelchen Wolodja bei dir bleiben und sich ein wenig mit dir unterhalten."

Er begann nun, den Kinderwagen hin und her zu schieben: drei Schritte vor und drei zurück, drei Schritte vor und drei zurück. Ungefähr zehn Minuten lang bewegte Wolodja den himmelblauen Kinderwagen mit dem nun zufriedenen Kind.

'Das ist nun mal sein Charakter, darüber müssen Sie sich nicht weiter wundern. Wenn etwas nicht in Ordnung ist, muß Ingenieur Wladimir Petrowitsch, alle nennen ihn Wolodja, es sofort abstellen, würde Tanja wohl erklären, könnte sie mich so sehen', dachte Wolodja.

Eilige Passanten hasteten an ihm vorbei, einige warfen ihm neugierige oder auch mißtrauische Blicke zu, dachten vielleicht: 'Was für ein komischer Kauz ist denn das, der auf das Kind ausländisch einredet?'

„Es gibt bei uns in Sibirien viele beruhigende Sprichwörter", sagte Wolodja zu dem Baby, „ein Beispiel: Kinder sind eines wie das andere, alles Hose wie Beinkleid. – Aber ich sage dir, mein liebes Kleines, das ist nicht wahr. Alle sind so verschieden wie die Erwachsenen auch. Und das muß auch so sein."

Die beiden Frauen schrien sich jetzt an, Wortfetzen flogen hin zu Wolodja. 'Die beiden reden und reden und hören wohl niemals mehr auf damit', dachte Wolodja. Und er wandte sich wieder an das Baby: „Weißt du, mein liebes Kleines, irgendwann muß deine Mama ja doch wieder aus dem Kaufhaus herauskommen, und dann will ich ihr einiges erklären. 'Mütterchen', so werde ich beginnen, und dann fahre ich fort mit meiner Rede: 'Dein Kindchen wird so kalt. Wie kannst du es nur so lange hier draußen warten lassen? Wenn ich nun nicht gekommen wäre, hätte es sich am Ende vielleicht noch erkältet. Was? Habe ich nicht recht? Wer sagt uns denn, daß es sich nicht doch erkältet hat?' Ja, so, mein liebes Kleines, werde ich zu deiner Mama sprechen, und dann werde ich natürlich auch noch hinzufügen: 'Mütterchen, ich wünsche dir ein langes Leben und deinem Baby auch. Bleibt gesund'."

Wolodja war unverheiratet und hatte keine Kinder. Vom frühen Morgen bis zum späten Abend hatte er seine Arbeit, die ihn ausfüllte. Und dann war ja auch noch Tanja da. Immer wenn Wolodja sie brauchte, war sie da. Die Ingenieurin Tanja Iwanowna verstand ihn nicht nur in seinem Beruf, sondern sie wußte auch, wann Wolodja seinen Tee bekommen mußte und seine belegten Brote. Wie eine gute Fee wirkte sie auf der Baustelle, sie wirbelte umher und schwitzte, und alles nur, damit es ja richtig klappte.

„Ach Tanja", seufzte Wolodja. Und er kam sich plötzlich sehr einsam vor, elftausend Kilometer entfernt von Tanja. Und es erschien ihm total verrückt, daß er sie nicht längst schon gefragt hatte, ob sie seine Frau werden wolle. 'Ich werde Tanja gleich nach meiner Rückkehr fragen', sagte sich Wolodja und fuhr mit der linken Hand durch die Luft, so als wolle er seinen soeben gefaßten Entschluß noch unterstreichen, ihn wegen der Wichtigkeit bekräftigen. Seine rechte Hand ruhte auf dem Griff des Kinderwagens, in welchem das Baby ruhig atmete. Es war nun eingeschlafen. Das schlafende Kindergesichtchen war jetzt lieblich und hilflos zugleich, und Wolodja mußte unvermittelt so heftig an Tanja denken, daß er nur mit Mühe die Tränen zurückdrängen konnte. Eigentlich war Tanja bei aller Lebhaftigkeit und Aktivität doch auch so zart und hilflos... Plötzlich stürzte die jüngere der beiden Frauen auf Wolodja zu, ergriff wortlos den himmelblauen Kinderwagen mit dem schlafenden Baby und fuhr eilig davon. Wolodja sah ihr hinterher und dachte verblüfft: 'Das also war unser Mütterchen?! Nu wot. – Was würde wohl Tanja dazu sagen, daß ich dieses Problem nur angerissen, aber nicht ausdiskutiert habe...'

Und schon wenige Monate später war im fernen Sachalin eine große Hochzeit. Der Ingenieur Wladimir Petrowitsch heiratete die Ingenieurin Tanja Iwanowna.

Frau Fiedler

Frau Fiedler schrie außer sich vor Haß: „Das Pack! Diese Moldenhauers haben uns angezeigt, bloß weil ihre Wäsche angeblich in Gefahr war, als mein Mann und ich den großen Reisighaufen verbrannten. Menschen sind das heutzutage! Sie taugen alle nichts mehr. Zu unserer Zeit, als wir noch jung waren, was, ja, da..." Sie riß erregt ihre Zeitung aus dem Brieffach. Es war das letzte Fach gleich neben der Wippe auf dem Spielplatz in der Siedlung. Ein kleines Mädchen hörte auf zu wippen und sagte: „Na, du? Was bist du denn so böse, Tante?" Frau Fiedler hielt Herrn Benisch am Jackenärmel fest und sagte eindringlich mit mürrischem Tonfall: „Nun hören Sie sich das mal an. Was fragte mich dieses Jör? Ein Volk ist das heute. Ja, zu meiner Zeit, als wir so jung waren..." Herr Benisch wollte an Frau Fiedler vorbei, aber es gelang ihm nicht recht. Frau Fiedlers trübseliges Gesicht bebte vor Erregung. „Das ist doch keine Sache", entfuhr es Herrn Benisch, „ich habe gehört, Sie haben bei Moldenhauers die Brombeerernte vernichtet. Aber weshalb denn das nun wieder?"

Frau Fiedler schlug sich mit der Faust gegen die Stirn und sagte mit Nachdruck: „Weil uns die Brombeerranken störten. Jawohl. Zwölf Jahre haben wir die Ranken ertragen, einmal muß Schluß sein damit." Herr Benisch hielt ihr seine linke verbundene Hand entgegen und widersprach: „Das versteh, wer will. Sie hatten doch all die Jahre mitgeerntet, wie? Ich denke, Sie haben die Brombeeren, die auf Ihrer Zaunseite wuchsen, abgeerntet. Sehen Sie sich meine verbundene Hand einmal an. Damit habe ich fünf Tage in der Klinik gelegen. Waren wir froh, als es eines Mittags Brombeerpudding gab als

Nachtisch." Der Streit, der nun schon in vollem Gange war zwischen den beiden alten Leuten auf dem Spielplatz, belustigte das kleine Mädchen auf der Wippe. Es rief lachend: „Hu–hu–hu–hu..." Plötzlich erschien die Besitzerin der zerstörten Brombeerhecke, Frau Doktor Moldenhauer, und holte ihre Post. Frau Fiedler keifte bissig: „Studiertes Pack!" Während das kleine Mädchen unbeirrt „Hu–hu" sang, knurrte Herr Benisch – nun ernsthaft wütend geworden: „Ich habe keine Lust, den Zeugen abzugeben für so etwas. Lassen Sie doch die Frau in Ruhe." Die so Gemaßregelte wurde blaß vor Empörung, schwieg aber eine Weile und entließ Herrn Benisch.

Eine Woche war seit dem Auftritt vergangen. Frau Fiedler schrie wie eh und je. Und es schien ihr Freude zu machen, ihre eigene Stimme zu hören, bald auf dem Spielplatz, bald vor dem Konsum, bald auf dem eigenen Grundstück. "Schon gut, schon gut", flüsterten die Leute, denen sie begegnete, und hatten es eilig, bis auf Frau Marreck, eine junge Blondine, Kellnerin im Café „Rote Nelke", früher „Siedlerstolz". Sie sagte bedrückt: „Also das ist nicht richtig, was sie da tun wollen." – „Die Weide wird abgehackt. Ich will diesen Weidenbaum nicht mehr sehen. Jetzt ist Schluß damit. Diese Moldenhauer wird sich umgucken." Durch die Stille der Gärten klang die grelle Stimme der Fiedler unangenehm. Frau Marreck sagte mit einem Seufzer: „Aber die Weide steht unter Naturschutz. Wagen Sie es nicht, den Weidenbaum genauso zu vernichten wie die Brombeerhecke. Also wie gesagt, ich mache da nicht mit. Ich will's lieber nicht gehört haben von Ihnen."

Frau Marreck konnte sich diese Tonart erlauben, weil sie irgendwann einmal mit einem der vielen Söhne von Frau Fiedler befreundet gewesen war. Die beiden hatten sich dann wieder getrennt, weil sich der Fiedler-Sohn eine Glatze schneiden ließ. Alle Söhne von Fiedlers trugen Glatzen. Frau Fiedler räusperte sich, holte tief Luft, um noch lauter zu keifen: „Die Weide fällt! Was heißt hier: Kann ich nicht! Ich kann alles, wenn ich will." Plötzlich fiel sie in Ohnmacht. Das Kind glitt von der Wippe und rannte auf Moldenhauers Grundstück, an der zerstörten Brombeerhecke vorbei.

Frau Fiedler kam wieder zu sich. Sie lag auf einer fremden Couch. Sie lag in der Wohnung der Ärztin Moldenhauer, und auf alle Fragen hatte sie nur die eine Antwort: „Ich weiß es nicht. Weshalb habe ich Sie so gehaßt? Mein Gott! – Verzeihen Sie mir, Frau Moldenhauer." Sie ergriff dankbar die Hand der Ärztin, die mit besorgtem Gesicht neben ihr saß.

Die Brillen des Pharmakologen Erwin Grieß

Frau Grieß, die Gattin des Pharmakologen Erwin Grieß, eilte in den Flur; eilig putzte sie die Schuhe ihres Mannes, kehrte zurück in die Küche. Unterwürfig nicht direkt, aber mit ängstlichem Blick reichte sie ihm zuerst den rechten. Grieß zog den Schuh an, schwitzte bei dieser Verrichtung, obwohl er schlank war. Dann reichte sie ihm den linken, dabei murmelnd: „Bitte."

Erwin Grieß lächelte sein süßliches, irgendwie unechtes Lächeln. Blickte sie an.

Danach folgte der geübte Griff nach der Aktentasche. Er verließ sein Haus.

Frau Grieß säuberte im Badezimmer Rasierapparat und Pinsel, wischte den Fußboden auf, ging in die Küche, um aufzuräumen. Das schmutzige Geschirr stellte sie in die Abwäsche, die Essenreste in den Kühlschrank, obwohl Grieß letzteres nicht wollte. 'Ach was', dachte sie, 'das schmeckt auch noch morgen, es soll nichts umkommen, wie entsetzlich ist richtiger Hunger.' Die Kinder, ein Junge und ein Mädchen, verstanden sie nicht, wenn sie davon sprach, die Erwachsenen ebenfalls nicht, für Gespräche über die Zeit des Hungers, des großen Sterbens während des totalen Krieges, den die schrille Goebbels-Stimme über alle Rundfunkstationen verkündet hatte, war keinerlei Interesse mehr vorhanden in ihrer Familie, in ihrem Bekanntenkreis.

Sie hatte jung geheiratet, kaum neunzehn Jahre war sie alt gewesen. Aus dieser Ehe behielt sie das Kreuz.

Letzteres war aber verwittert und wurde entfernt. Ein Stein trug heute den Namen ihres geliebten Toten, den

Tag seiner Geburt, sein Sterbedatum. „Liebster, wo bist du? Wo?"

Oftmals hatte sie ihn gerufen, leise und auch laut. Heute noch. Manchmal, wenn sie allein war, wenn die Erinnerung sie wölfisch anfiel.

Frau Grieß verstaute die leeren Milchflaschen in einen rosafarbenen Einkaufsbeutel aus Wachstuch. Dann band sie sich ein cremefarbenes Kopftuch um, zog sich den Regenmantel an.

Sie stellte sich ans geschlossene Fenster.

„Zu Hause bin ich ein Mensch. Zu Hause leg' ich mir keinen Zwang mehr an. Wozu auch? Das Wirtschaftsgeld, das ich abgebe, ist reichlich." Erwin Grieß hatte seine festgefügte Meinung zu allen Dingen des Lebens. „Gleichberechtigung ist Quatsch, natürlich unter vier Augen. Die Frauen haben sich damit selbst bestraft, sollen sie also auch alles allein machen, was geht's mich an?"

Erwin Grieß hatte seinen Standpunkt: „Eine Frau gehört ins Haus. Mit der Aufzucht der Kinder und Pipapo hat sie genug zu tun."

Er hatte seinen Standpunkt zu allen Dingen: „Hunde und Katzen gehören nicht ins Haus. Und überhaupt. Katzen schießt man ab, Katzen kann man auch vergiften." Seine ironischen Blicke, sein beleidigendes Lächeln, seine selbstsichere Stimme hatten sie empört. Sie, die ehemalige Masseuse, hatte selbst eine Meinung! „Aber die Lehmanns von nebenan machen alles gemeinsam. Beide gehen arbeiten, beide machen den Haushalt. Außerdem haben sie einen schwarzen Pudel und einen kleinen grauen Kater mit weißen Pfoten." Erwin Grieß vertrat seinen Standpunkt: „Dieser Lehmann? Widerlicher Kerl, Meteorologe."

Frau Grieß legte die rechte Hand auf den Fenstergriff. Sie erinnerte sich an den schrecklichen Abend.

„Möchtest du Tee?" Während sie noch gefragt hatte, war sie schon an den Gasherd geeilt.

„Laß das. Ich möchte zuerst etwas Kaltes trinken. Ich bin wie ausgelaugt, die trockene Luft im Institut. Bitte Fruchtsaft und Milch. Hast du Bier?"

Erwin Grieß hatte auffallend leise vor Erschöpfung gesprochen. Die beiden Kinder hatten noch am Tisch gesessen und geschwiegen. Sie hatte das Gewünschte vor ihm auf die Tischplatte gestellt. Sie wollte noch die Turnhosen waschen. „Die Kinder brauchen das Turnzeug morgen früh."

Der Regen hatte aufgehört.

Frau Grieß ging los. Fleisch- und Wurstwaren gibt es in der Halle „Erster Mai" auf Nummern. Am Eingang hängt die große Nummernrolle; Frau Grieß reißt sich eine Nummer ab, die 78, zwei kleine schwarze Zahlen auf grünem Untergrund.

Erwin Grieß hatte die Kinder ins Bett geschickt; hatte zu ihr gesagt: „Setz dich jetzt hin und mach die Wäsche morgen, wenn ich weg bin."

Sie hatte sich nicht hingesetzt. War stehen geblieben. Hatte den rechten Ärmel ihrer gestreiften Hemdbluse hochgekrempelt. Hatte gelacht. Wollte vorbei an ihm zum Waschbecken mit dem Turnzeug in beiden Händen.

„Verdammt! Du hältst mir Widerpart?"

Erwin Grieß schrie mit schriller Stimme und sprang auf. Er stürzte auf sie zu, schlug ihr die flache Rechte mit dem Ring ins Gesicht. "Oh, o–h – ..." Ihr Wimmern klang herzzerreißend.

„Miststück!" Eifersucht auf ihren Toten war plötzlich in ihm aufgequollen wie Teig.

Sie stürzte hinaus. Auf der menschenleeren Straße, unter einer Laterne, holte er sie ein; es gab einen Kampf, weil sie sich wehrte. Seine Brille fiel auf das

Kopfsteinpflaster und zerbrach. Grieß heulte wie ein wildes Tier, setzte mit zittriger Hand eine andere auf, eine Fernbrille, die er bei sich trug zum Autofahren, ging erneut auf sie zu... Sein verzerrtes haßerfülltes Gesicht, seine umherhuschenden Augen, seine ganze Art brachten sie zur Raserei. Wie eine Katze ihre Krallen schlug sie unvermutet ihre Fingernägel tief in seine Haut. Er taumelte, für einen Augenblick unsicher geworden. Stierte sie staunend an. Holte aus... Sie war schneller als er. Noch bevor seine Hände sie erreichten, hatte sie schon zugeschlagen. Und sich mit ihrem ganzen Gewicht auf die nun ebenfalls heruntergefallene Fernbrille gestellt, sie wie ein Insekt zertreten.

„Unmenschlich, gemein." Grieß hatte die Silben gegurgelt. Und sich wohl auf die Unterlippe gebissen; kleine Blutstropfen waren sichtbar geworden, wirkten wie Farbkleckse auf einer Karikatur. Seine Hände begannen, nach ihr zu suchen, griffen aber nur Luft, irrten unablässig. Gespenstisch sah das aus in der dunklen Straße; nur das Laternenlicht faßte das Bild.

„Ich kann nichts mehr sehen..." Sie hatte lautlos geweint, „vergib mir, wir wollen einander vergeben" geflüstert. Und eine hilflose Gebärde gemacht; der Angstschweiß war ihr auf die Stirn getreten. Dann langsam, zunächst noch zögernd, vorsichtig seine Hand berührt, ihn zurückgeführt ins Haus.

Jemand stößt sie an, sagt empört: „Sehen Sie doch auf Ihre Nummer. Sie müssen jetzt dran sein. Sie haben doch die 78, nicht wahr? Meine Güte, hält das auf, wenn ein Kunde nicht aufpaßt." Die Verkäuferin zuckt ratlos mit den Schultern, als sie die unnatürliche Blässe im Gesicht der Frau bemerkt, und sanfter fügt sie hinzu: „Das muß am Wetter liegen. Der verregnete Sommer ist schuld."

Seine Hände hingen herab wie abgelegt. Sein Gesicht

war nackt und einsam. Nie zuvor hatte sie ihn so einsam gesehen. Nie zuvor so hilflos und stumm.

Gegen Morgen sprach er wieder: „Verzeih. Der Optiker wird mir eine neue Brille anfertigen, ein Mensch wie ich benötigt mehrere davon, weißt du?"

Sie denkt: 'Ich muß ihm sagen, daß ich ihn liebe.'

Frau Grieß zahlt und geht nach Hause. Als das Telefon klingelt und sie den Hörer abnimmt, zittert ihre Hand.

„Ja, selbstverständlich, ich lege alles hin, ein frisches Hemd, die gestreifte Krawatte. Ja."

Als Erwin Grieß zwei Stunden später mit großen Schritten das Zimmer durchmißt, ruft er heftig lachend: „Sei nicht beleidigt. Ich Rindvieh habe doch total vergessen, dir zu sagen, daß wir gemeinsam gehen. Du sollst meinen Vortrag hören. Anschließend trinken wir Wein. Ja? Ich möchte Rotwein trinken."

Er zieht sich im Schlafzimmer um. „Du hüllst dich in Schweigen?" Ihre Augen öffnen sich weit, als er sie küßt.

Diese Gänge

Marabu trat ein, ohne anzuklopfen. Als sei er hier zu Hause. Alles war so wie bei seinen letzten Besuchen: Die Stranddisteln lagen noch neben der bauchigen Vase. Das Bild mit dem Segelboot hing etwas schief, und das Boot sah aus, als wollte es aus dem Goldrahmen segeln. Der Schriftsteller Hannemann saß mit dem Rücken zur Tür an seinem Schreibtisch und arbeitete. An einem kleinen Tischchen neben dem Schreibtisch saß der Gerichtsmediziner Korf und rauchte. Es war Spätnachmittag. Auch am Montag und am Dienstag war Marabu gleich nach der Arbeit hierher gekommen. Heute war Donnerstag. 'Immer wieder mache ich diese Gänge und finde das gleiche Bild, den emsig arbeitenden Hannemann und den rauchenden Korf', dachte Marabu. Er überlegte, weshalb es ihn bedrückte, hier immer wieder dieselbe Situation vorzufinden. 'Warum warte ich immer wieder auf eine Veränderung und auf welche?' dachte er.

"Na, Marabu, langweilst du dich?" Der Schriftsteller Hannemann stieß die Worte mit einem Seufzer aus, dann fügte er gähnend hinzu: „Setz dich doch hin, und schenk dir was ein. Ich hör' gleich auf zu schreiben. Ach, Korf, so schenken Sie sich doch nach."

Korf füllte zwei Gläser mit Rotwein und drückte eines davon Marabu in die Hand. Marabu verzog seinen Mund zu einer komischen Grimasse, trank sein Glas sofort aus und setzte sich dann auf einen Stuhl in Schreibtischnähe.

Der Schriftsteller Hannemann beobachtete eine Weile seine beiden Besucher. Das Mienenspiel auf Marabus zartem sommersprossigem Gesicht verriet einen Wechsel von Niedergeschlagenheit und Erregung. Hannemann schrieb noch eine Weile weiter, dann las er leise vor: „Er war mit großen und kleinen Fehlern behaftet, aber in seiner Arbeit war er immer ein Vorwärtsdrängender, ein Durchreißer, wie man so sagt. Er starb auf einem Heimweg mitten aus dem Leben heraus – nach einer Feier; denn auch das Feiern gehört zu uns, zu unserem Leben."

Marabu rückte geräuschvoll seinen Stuhl ganz nahe an den Schreibtisch, so daß er mit den Knien das dunkel gebeizte Eichenholz berührte.

„Ach, Herr Hannemann, ich verstehe Sie nicht", begann er mit zaghafter Stimme, „wenn ich die Erzählung zu schreiben hätte, dann würde ich schreiben: Er war ein Mensch. Und sein Ende hatte fast etwas Unabwendbares. Nun gut, er war Brigadier, das stimmt schon alles. Und er bemühte sich auch darum, daß alle aus seiner Brigade den Facharbeiterbrief für Rinderzucht erhielten. Und er kümmerte sich auch darum, daß dieser Beruf immer genügend Nachwuchs hatte. Trotzdem war er eine tragische Gestalt, finde ich. Ja, und davon würde ich zunächst ausgehen. Sein Herz war immer so hungrig, würde ich schreiben. Strohschein war ein Mensch mit einem hungrigen Herzen, denn bei all seiner Aktivität war etwas Maßloses. Na, Sie wissen ja, Herr Hannemann, auch das Trinken..."

Der Schriftsteller schaute nachdenklich auf den beschriebenen Bogen. Schließlich sagte er: „Merkwürdig war, daß dieser Todesfall nicht lange diskutiert wurde. Er machte, wie mir schien, keinen besonderen Eindruck auf die Leute. Einige sagten: 'Er ist nicht mehr da, wir kriegen einen neuen Brigadier. Ab und zu werden wir trotzdem noch an Strohschein denken.' Andere sagten: 'Wozu noch an ihn denken, wenn er doch nicht mehr da ist.'

Korf fragte: „Was interessiert Sie an dem Toten? Was war Besonderes an ihm? Oder waren Sie näher mit ihm bekannt oder sogar verwandt?"

Marabu sagte hastig: „Oh Gott im Himmel, möglicherweise war er noch unser Freund oder Bruder, was? Aber nein, das war er beides nicht. Strohschein war einer, den wir so kannten, wie wir fast alle hier im Dorf kennen. Hier kennt einer den anderen."

In Marabu stieg eine unerklärliche Angst auf und erfüllte ihn plötzlich ganz und gar. Er goß sich schnell Rotwein nach und trank.

Als Marabu das Glas wieder absetzte, sagte er mit kläglichem Lächeln: "Jetzt erinnere ich mich an jenen Abend: Wir setzten uns zu Strohschein, der schon nicht mehr ganz nüchtern war, an den Tisch, und Herr Hannemann sagte: 'Strohschein, ich werde über dich schreiben. Du bist der Rinderzuchtmeister in meiner neuen Erzählung. Wie oft wurdest du schon ausgezeichnet? Du mußt mir alles aus deinem Leben erzählen.'

Ich überlege schon seit Tagen, was Strohschein an diesem letzten Abend alles geantwortet hat. Er hat damals gesagt, daß er aus einer alten Melkerfamilie stammt. Schon ein Großvater von ihm sei Melker gewesen, aber der Vater habe irgendwann zu trinken angefangen und die Familie verlassen. 'Das ist nichts Besonderes, daß ein anständiger, fleißiger Mensch schließlich doch noch unter die Räder kommt. Mein Vater wurde nicht mehr fertig mit seiner Umgebung. Dabei tat ihm keiner was, jedenfalls nicht, daß ich wüßte.' Ja, das hat Strohschein damals über seinen Vater gesagt. Und Strohschein hatte an jenem Abend etwas Maßloses. Er trank und trank und alles auf Herrn Hannemanns Rechnung. Zehn Schnäpse kippte er hinter wie Wasser. In relativ kurzer Zeit, ich glaube, in weniger als einer Stunde. Nie zuvor habe ich jemanden so maßlos trinken sehen. Ja, darüber würde ich schreiben und auch, daß er auf dem Heuboden starb."

Hannemann winkte ab. Dann trommelte er mit den Fingern auf der Schreibtischplatte. Unwillkürlich lauschten Korf und Marabu auf dieses Trommeln. Eine Weile später stand Hannemann auf. Sein Blick fiel auf das schief hängende Bild an der Wand. Er sagte: „Marabu, habe ich dir schon von meinem Traum erzählt? Ich hatte einen Traum. Ich fuhr mit dir aufs Meer hinaus, wir saßen zusammen in einem Boot." Und mit schiefem Lächeln fügte er hinzu: „Aber du weißt ja, daß Träume immer sehr kurz sind."

Hannemann schwieg nun eine Zeitlang, erhob sich dann und begann, im Zimmer auf und ab zu gehen. Er schien zu überlegen, denn seine Mundwinkel zuckten, und seine Gesichtshaut war faltig geworden. Schließlich sagte er: „Ja, was war das für ein Sterben? Wir wissen es nicht." Er sah zu Korf hin, seufzte tief und schüttelte den Kopf. Aber Korf reagierte nicht. Dafür sprang Marabu von seinem Platz auf und stellte sich neben Hannemann in Positur. Er war einen Kopf kleiner als Hannemann. Er sagte mit belehrendem Tonfall: „Aber, aber, wir wissen es doch genau. Strohschein war eine tragische Gestalt, und sein Tod war folgerichtig tragisch." Marabu schritt an seinen Platz zurück. Es wirkte geziert, fast theatralisch, als er sich hinsetzte. Nach einer Weile sagte er leise: „Aber ich überlege immer noch, ob dabei tragisch gleich notwendig ist. Und ich frage Sie jetzt, Herr Hannemann, ob Ihr geträumtes Boot vielleicht ein Rettungsboot war, – in dem wir zusammen mit Strohschein saßen?"

Der Schriftsteller, nun ernsthaft wütend, herrschte Marabu an: „Du bist ein Schwätzer! Du kommst hierher und verbreitest Unruhe. Was hast du nur davon? Laß uns doch mit deinen Überlegungen in Ruhe. Hast du gehört? Du sollst uns in Ruhe lassen. Strohschein starb auf dem Heimweg. Aber das war ein saudummer Zufall. Und nun Schluß damit, ich will nichts mehr hören." Er trat an den Schreibtisch, entnahm einem bunt bemalten Lederkästchen eine Zigarette und zündete sie an. Dabei zitterten seine Hände leicht. Weiter auf und ab gehend, erzählte er hastig: „Herr Korf, ich weiß auch noch einiges über diesen Abend im Dorfkrug. Bevor der viele Schnaps getrunken wurde, kam Marabu bei mir angelaufen und sagte, daß Strohschein in der Kneipe sei. Ich wollte doch über ihn schreiben in seiner Eigenschaft als Rinderzuchtmeister. Das hat mich damals auf die Beine und an den Tisch von dem angetrunkenen Strohschein gebracht. Natürlich habe ich ein wenig aufgedreht, um ihn aus der Reserve zu locken. Ich habe gesagt: 'Hallo Strohschein, heute geht alles auf meine Rechnung. Du hast überhaupt nichts zu bezahlen. Geld ist heute ganz unwichtig für dich. Weißt du, was heute nur wichtig ist? Wichtig ist allein, daß du meine Neugier befriedigst. Strohschein, du bist der Held meiner neuen Erzählung. Ja, ich habe sogar schon Material über dich gesammelt. Du bist einer, der weiß, was er will. Jedenfalls behaupten das die Leute hier im Dorf.' Strohschein hat gelacht und nach kurzer Überlegung erwidert: 'Glauben Sie ja nichts von all dem Zeug, was man über mich spricht. Die Arbeit, die ich mache, könnte ebensogut ein anderer machen. Wie komisch Sie heute sind, Herr Hannemann. Aber so seid Ihr Schriftsteller, was? Ihr wittert gleich eine Sensation, wo gar nichts Besonderes ist. Und was ihr dann aufschreibt, stimmt alles nicht.' Und was dann folgte, war ein ganz gewöhnlicher Abend im Dorfkrug. Wir haben alle getrunken, Runde um Runde, alle dasselbe. Immer neue Dorfbewohner kamen in die Gaststätte. Es wurde diskutiert über Wohnungen und die Arbeit, über Geld und Abrechnungen. Strohschein riß sogar einen Witz. Er rief einem am Nebentisch zu: 'Na, Beerboom, willst du wieder krank machen, um deinen Garten umzugraben? Da laß dich aber diesmal nicht wegen Kreuzschmerzen krankschreiben wegen der Bückerei beim Umgraben, weißt du!' Und wir haben alle gelacht."

Korf sagte nachdenklich: „Und trotzdem ist der Rinderzuchtmeister noch am selben Abend gestorben, merkwürdig. Ein Witz über einen Krankenschein und noch am gleichen Abend ein Totenschein."

Hannemann winkte ab, als wollte er etwas Lästiges verscheuchen. Er sagte: „Naja, dann ging eben Strohschein plötzlich hinaus. Ich habe das in der Hitze des Gefechtes gar nicht so recht mitbekommen. Marabu hat mir nur leise zugeflüstert: 'Ich glaube, Strohschein ist es schlecht geworden.' Hannemann stellte seine Wanderung durch das Zimmer ein und setzte sich auf seinen Platz zurück. Aber Marabu war kalkweiß geworden. Er griff nach Korfs Zigarettenpackung, fingerte sich nervös eine Zigarette hervor, ohne zu fragen, und begann zu rauchen. Nach einer Weile sagte er: „Aber alle haben Strohscheins Abgang gesehen. Er taumelte aus dem Raum und war nicht imstande, die Tür hinter sich zu schließen."

Hannemann fragte: „Was war schon Besonderes daran?"

Marabu entgegnete spitz: „Immer sind wir verschiedener Meinung, Herr Hannemann. Ich sollte mich wie ein winselnder Hund zu Ihren Füßen legen und zu allem und jedem ja sagen oder gar nicht mehr herkommen. Weshalb mache ich auch immer noch diese Gänge?"

Unter dem Fenster war der Fluß. An seinem Ufer hatten sich krakeelende junge Männer niedergelassen. Ihre Stimmen unterschieden sich kaum voneinander. Als der Lärm verklungen war, sagte Hannemann: „Korf, merken

Sie, wie er alles wegschiebt? Und alles auf ein anderes Gleis? Marabu will schreiben und kann es nicht." Hannemann verschränkte die Arme im Nacken und rekelte sich. Im sanfterem Tonfall fuhr er fort: „Marabu, gut, gut, du hast ab und an etwas geschrieben und bist es dann nicht losgeworden. Und ich habe dir auch gesagt, warum. Man muß abstrahieren können, das ist alles. Auch der radikalste Naturalist kann nicht auf Überhöhungen verzichten. Ein Schriftsteller, der auf Überhöhungen verzichtet, bleibt in Einzelheiten stecken. Er müßte dann auch die Längenmaße der von ihm erwähnten Bäume errechnen. Marabu, du dreißig Jahre alter Sucher, wann wirst du endlich erwachsen? Aber von mir aus, bitte, schreib die Erzählung doch selbst, oder schreib irgendeine andere. – Sehen Sie, Korf? Wenn es eklig wird, senkt ein Marabu den Blick. Er kann nur kritisieren, anstatt selbst etwas aus dem Stoff zu machen."

Marabu, der jetzt betrunken wirkte, schlug sich an die Brust und rief: „Es war kein Zufall, das wissen Sie genau. Strohschein sah wie faules Fleisch aus, als er die Kneipe verließ. Und Sie, Herr Hannemann, waren der Mann mit dem vielen Geld an diesem Abend. Sie haben ihm doch die Schnäpse spendiert." Marabu hustete stark und redete mit krächzender Stimmen weiter: „Strohscheins Herz war immer so hungrig, daß er zuletzt sehr empfindlich wurde und starb."

Marabu schwieg nun und beobachtete Hannemann. Dessen Lippen hatten sich immer mehr zu einer Grimasse verzogen, und seine Hände, die mit dem Kugelschreiber spielten, zitterten jetzt stark. Marabu kicherte unmotiviert und fuhr mit eindringlich sanfter Stimme fort: „Herr Hannemann, die Wahrheit läßt sich nicht mehr verschweigen. Strohschein ist ganz elendig krepiert, und alle Dorfbewohner wissen das. Wenn ich die Erzählung zu schreiben hätte, dann würde ich schreiben: Die

Wahrheit ist wie ein großes Spinnen-Netz, ihre unsichtbaren Fäden gehen nach allen Seiten. Wir sind alle irgendwie erfaßt."

Hannemann murmelte betroffen: „Marabu, das mit dem Spinnen-Netz hast du irgendwann irgendwo gelesen, ja?" Aber der reagierte nicht darauf. Er legte sich keinerlei Zwang mehr an. Er sprang auf und setzte sich wieder hin, wiederholte das mehrmals, rannte zwischendurch im Zimmer auf und ab und goß sich Rotwein nach. Sein Gesicht hatte sich stark gerötet bis auf das schmale, zartweiße etwas picklige Kinn. Seine Augen blickten wie erloschen. Hannemann öffnete eine neue Weinflasche. Dabei erkundigte er sich bei Korf, ob denn der Wein auch schmecke. Plötzlich schrie er leise auf, als Marabu an den Schreibtisch stürzte und mit beiden Händen in die Stranddisteln faßte. Marabu flüsterte: „So rot wie das Blut an meinem Finger, so rot war auch Strohscheins Blut. Ja, er war unser Bruder. Ja, er war ein Mensch."

Korf zog ein weißes Taschentuch aus seiner Jackentasche und reichte es Marabu hin. Der entfaltete das Tuch und schwenkte es wie eine Fahne. Hannemann herrschte ihn an: „Marabu, wisch dir das Blut ab. Beschmier nicht meine Möbel. Blödsinnig, in die Stranddisteln zu fassen. Du bist ja betrunken. Korf, nicht einmal ein Glas Rotwein verträgt dieser Schwätzer. Sehen Sie sich das an. Von etwas Rotwein wird so einer schon betrunken."

Hannemann erhob sich, schritt langsam zum geöffneten Fenster und sah hinaus. Er stand reglos. Er schien seine beiden Besucher zu vergessen. Vom Fluß stieg Nebel auf. Ein Segel glitt lautlos vorüber. In Hannemanns Ohren war plötzlich das knarrende Geräusch jenes Abends: Marabu hatte draußen sein Fahrrad an die Garagenwand gestellt. „Na, Sie schreiben noch", hatte er gesagt, als er mit roter Nasenspitze eingetreten war, und mit verfrorenem Lächeln hatte er hastig hinzugefügt: „Strohschein ist in der Kneipe."

Hannemann murmelte: „Und am gleichen Abend ist Strohschein gestorben, und ich konnte es nicht ahnen." Jetzt spürte er wieder den eisigen Luftzug von damals, als Strohschein die Gaststätte verlassen hatte. Plötzlich hatte es zur Tür hereingezogen, und das war allen aufgefallen. Ja, so war es gewesen: Strohschein war hinausgegangen und hatte die Tür offengelassen, und es hatte allen anderen in der Kneipe riesigen Spaß gemacht. Wahrhaftig, sie hatten noch die Köpfe gewendet und laut gelacht. Warum sollten sie eigentlich nicht über ihren weißgesichtigen schwankenden Brigadier lachen an diesem Abend? Weshalb sollten sie denn eigentlich nicht auf die offene Tür starren, wenn es doch hereinzog wie Hechtsuppe? Endlich war dann einer von den Melkern aufgestanden und hatte die Tür wegen der Kälte geschlossen. Ja, nur wegen der Kälte, die echt unangenehm wurde...

Hannemann drehte sich um. Sein Blick glitt über die bauchige Vase. Er wünschte plötzlich, diesen Gegenstand auf Marabus Schädel zu zertrümmern. Aber dann unterdrückte er gewaltsam diese Regung, und mit lauter Stimme stieß er hervor: „Marabu, du bist doch auch die ganze Zeit über dabei gewesen! Für dich habe ich doch auch die Zeche bezahlt. Du bist ihm doch auch nicht nachgegangen. Du bist doch auch auf deinem Gesäß kleben geblieben. Oder was?" Er wandte sich Korf zu: „Haben Sie das gehört? Marabu ist wie angenagelt kleben geblieben und hat sich die Anzahl der Schnäpse gemerkt, die Strohschein getrunken hat. Er hat ein gutes Zahlengedächtnis unser Freund Marabu."

Hannemann stöhnte. Dann sagte er leise, aber sehr deutlich, und dabei starrten seine grauen Augen Korf an: „Marabu trinkt nämlich meinen Rotwein, und innerlich verachtet er mich. Er will mich kritisieren. Immer macht er diese Gänge zu mir, weil er nichts eigenes hat. Er läuft herum und sät Unruhe mit seinem Geschwätz. Er ist der unabwendbare Kritiker mit wenig Eigenleben."

Hannemann blickte nun wieder zum Fenster hinaus. Irgendwo zerteilte ein Ruder im Takt das Wasser. Hannemann stierte und stierte, und seinen Hände faßten kraftlos nach draußen, nach der Fensterbrüstung. 'Hier auf meiner Datsche gefällt es mir nicht mehr. Morgen fahre ich zurück in die Stadt', beschloß er plötzlich und wurde ganz ruhig.

Korf sagte: „Herr Hannemann, was meinen Sie dazu, wenn ich mir eine Angel zulegte."

Hannemann drehte sich brüsk um. Sein Gesichtsausdruck war empört. Er öffnete die oberen Knöpfe seines rosafarbenen Hemdes und sagte: „Angeln ist die allerblödeste Beschäftigung, die es gibt. Lassen Sie mich bloß damit in Ruhe. Das fehlte noch, daß Sie hier angeln. Den lieben langen Tag haben Sie den Leichengeruch im Institut. Und in der Freizeit nun noch zusätzlich tote Fische?"

Marabu setzte geräuschvoll sein Weinglas ab. Mit weinerlicher Stimme sagte er: „Mitunter huscht Strohscheins Gesicht an mir vorüber. Wir können doch nicht so mir nichts dir nichts die Wahrheit verschweigen. Unsichtbare Fäden gehen nach allen Seiten."

Hannemann löste sich langsam vom Fenster, ging behutsam auf Marabu zu. Er sagte mit bittendem Tonfall: „Marabu, hör doch endlich auf. Die Wirklichkeit ist gar zu häßlich gewesen. Du hast ihn ja nicht gesehen. Wie der aussah. Er hatte sich so verändert. Ja, er hat auf dem Heuboden seines eigenen Hauses gelegen, und ich habe ihn dort gesehen. Ja, er ist elendig gestorben, und ich habe seine Leiche gesehen. Er lag mit dem Gesicht auf einem Balken. Als sie ihn umdrehten und auf den Rücken legten, lief etwas braun-rote Flüssigkeit aus seinem Mund. Er war ganz verändert. So aufgedunsen sah er aus, weißt du. So stierend war sein Blick, auch irgendwie vorwurfsvoll, fand ich. Ganz anders als sonst. Seine Gesichtszüge hatten sich so verändert, mein Gott. Und daß er so sperrig war, fiel mir noch auf. Irgendwie sperrig kam er mir jedenfalls vor. Auch seine Füße, die in den Schuhen steckten, kamen mir so sperrig vor. Ja, ich habe Strohscheins Leiche gesehen. Ja, ich bin dabei gewesen, als sie ihn suchten und fanden. Ja, Marabu, und ich habe geglotzt und geglotzt. Bist du endlich zufrieden?"

Korf dachte: 'Ist es denn so wichtig, wie die Leiche aussah?'

Marabu spürte eine eisige Kälte, die ihm das Herz abschnürte. Nun war es ausgesprochen, das Grauenvolle, auf das er all die Tage gewartet hatte. Die freundlichen Vokabeln, die das Grauenvolle noch am Montag und am Dienstag überdeckt hatten, waren endlich beiseite geworfen. Er stammelte außer sich: „Oh, oh, ich halte das nicht mehr aus. Warum sind wir ihm denn nicht nachgegangen, als ihm schlecht geworden war?" Marabu taumelte mit tränenüberströmten Wangen auf Korf zu und ergriff dessen Hände. Und dann weinte er ganz laut: „Oh, mein Gott im Himmel, wirklich und wahrhaftig, hätte so ein Mann gerettet werden können?"

Korf ließ Marabu schweigend gewähren.

Hannemann sagte mit müder Stimme: „Marabu, wein doch nicht so laut. Das Fenster steht offen." Schwarze Kreise tanzten vor seinen Augen. Er wandte sich Korf zu, bei dem immer noch Marabu stand: „Was hätten wir tun können? So sagen Sie doch endlich was, Korf!"

Der Gerichtsmediziner schwieg immer noch. Schließlich sagte er: „So einfach lassen sich Ihre Fragen nicht beantworten. Mag sein, daß dieser Mann noch lebte, wäre ihm einer von Ihnen nachgegangen. Mag aber auch nicht sein, was weiß ich denn? Wie soll ich mir ein Bild machen von dem wirklichen Geschehen? Da müßten wir die Sektionsbefunde diskutieren. Den Zustand der Herzkranzgefäße. Ein massiver Herzinfakt zum Beispiel könnte Sie fast freisprechen. Aber wenn es nur der Alkohol war, hätte man vielleicht im Krankenhaus den Kreislauf und damit das Leben dieses Mannes erhalten können." Und er dachte: 'Da sind diese beiden nun Karussell gefahren, der Vielschreiber und sein Kritiker. Aber was soll ich dabei? Glauben die etwa, ich hole ein Sektionsprotokoll mit Laborwerten und spreche sie feierlich frei? Überdies werde ich mir doch eine Angel zulegen. Im Fluß müßte es Fische geben.' Er war müde geworden vom Zuhören und vom Rotwein – aber wieder bohrte sich Hannemanns Stimme in seine Ohren: „Wissen Sie, Korf, unser Marabu ist immer in Einzelheiten steckengeblieben. Deshalb ist er auch nicht gedruckt worden. Gehört sich das eigentlich, sich so splitternackt zu machen? Verzeihen Sie uns das Lamento. Es kommt ja auch immer wieder vor, daß jemand im Fluß ertrinkt oder daß sich jemand vom Dach stürzt." Marabu sagte – und seine Stimme klang immer noch weinerlich: „Du, Hannemann, bist der Mann mit dem Mittelwert. Das mag ja alles richtig sein, aber dabei geht auch diese und jene Wahrheit in die Binsen."

Die drei Männer sahen einander lange an. Jeder spürte, daß die Gespräche und Gesten aufgebraucht waren an diesem Abend. Dumpfes Nachsinnen blieb zurück. Marabu und Korf gingen schwerfällig zur Tür und nickten Hannemann zum Abschied schweigend zu.

Hannemann setzte sich an seinen Schreibtisch. Er neigte sein Haupt und wollte weiterschreiben. Aber er spielte nur gedankenverloren mit dem Kugelschreiber, und dann malte er mit großen Buchstaben auf das Blatt: „Wir haben schuld."

Die Postanweisung

An dem gedeckten Tisch im Kaminzimmer saß Professor Matwej Pascal mit seiner Frau Anna. Es regnete stark. Der Regen klopfte gegen die Scheiben und gegen die Terrassentür. Eine graue Sommernacht begann. Alles war noch erkennbar, die schlanken Silbertannen und ein Nachtvogel mit schwerem Flügelschlag über den Wipfeln, und doch erschien es schon unwirklich, schattenhaft und auch etwas wie eine Bühnenkulisse. Wegen der Schwüle im Zimmer war die Terrassentür einen Spaltbreit geöffnet worden. Es roch nach gutem Essen und nach feuchtem Laub.

„Wie es regnet", sagte Professor Pascal.

„Ja, wie es regnet", sagte Anna.

„Was hast du denn heute? Möchtest du nicht essen?" fragte Professor Pascal.

Anna machte eine wegwerfende Handbewegung, dann sagte sie, und es klang so, als wolle sie sich gewissermaßen dafür entschuldigen: "Ich war heute vormittag auf dem kleinen Postamt. Bill mußte wieder sein Geld bekommen, und du, Matwej, hattest mir doch seine neue Adresse gegeben". Sie seufzte laut.

„Aber, aber, ich weiß nun wirklich nicht, weshalb du heute nicht essen willst", sagte Professor Pascal, „und was gibt es zu trinken?"

Anna saß vornübergeneigt da, beide Ellenbogen auf der Tischplatte.

„Und was gibt es zu trinken?" fragte Professor Pascal noch einmal.

„Rotwein und Tee", sagte Anna.

Sie spürte seine Gereiztheit und goß eilfertig Tee und Rotwein zu gleichen Teilen in zarte weiße Porzellantas-

sen. Dabei erklärte sie hastig: „Einen schweren Kopf habe ich heute. Und ich habe noch gar nichts getrunken. Du weißt doch, daß ich allein nicht trinke. Nicht die kleinste Menge Alkohol würde ich ohne dich zu mir nehmen, ich meine ohne deine Gesellschaft, Matwej. Ja, wirklich." Sie warf ihm einen prüfenden Blick zu. Dann sprach sie hastig weiter: „Bloß heute vormittag überkam mich plötzlich diese Gier, und ich stellte mir vor, wie es sein würde, wenn ich mir für den Geldschein, den du mir gegeben hattest und der sich in meiner kleinen schwarzen Ledertasche neben der roten Postanweisung befand, Kognak kaufen würde, natürlich guten, sehr teuren Kognak. Und ich stellte mir vor, wie ich in eine Allee einbiegen würde – ich meine natürlich die kleine Allee in der Nähe des kleinen Postamtes, die mit den weißen Bänken – und mich auf eine Bank setzen und Kognak trinken würde – ganz allein – ohne dich, Matwej. Aber, aber – jetzt siehst du mich so strafend an, wie einen deiner Patienten, wenn er ausgerissen war und zurückgebracht wurde. Na, auch gut. Höre bitte weiter zu. Ich ging ja noch weiter in meiner Überlegung. Ich stellte mir die Wirkung des genossenen Alkohols auf meine seelische Verfassung vor: Ich würde gelacht haben, was? Sicherlich hätte ich gelacht, was denn sonst wohl? Oder habe ich etwa nicht recht? Ich wäre nicht mehr verzweifelt und unglücklich gewesen, sondern verteufelt lustig, was?"
Professor Pascal reichte ihr einen Zinneierbecher mit einem weichgekochten Ei über den Tisch. Dabei sagte er gleichsam widerstrebend und irgendwie unschlüssig, so als wisse er nun nicht, was er überhaupt sagen wolle: „Anna, du bist erstaunlich praktisch. Nur ein praktisch veranlagter Mensch bringt es fertig, diesen Zinneierbecher, ein außerordentlich wertvolles Stück aus dem siebzehnten Jahrhundert, welchen ich anläßlich meiner

Wahl zum Dekan als Geschenk erhielt, auch wirklich zu benutzen." Er lachte etwas nervös und zwinkerte ihr vertraulich zu.

Anna zuckte die Achseln und schwieg.

„Was soll denn das? Bist du etwa beleidigt?" fragte Pascal. Er beugte sich vor und nahm sich Brot und Schinken.

„Aber nein", sagte Anna, „ich bin doch nicht beleidigt. Wie kommst du denn darauf, Matwej? Es ist gut, ein praktisch veranlagter Mensch zu sein, nicht wahr. Weshalb ihn denn einstauben lassen? Er paßt doch auch zu unserem zarten weißen Porzellan und dem übrigen Zinngeschirr. Ach Matwej, was soll das? Mir ist gar nicht nach essen." Sie schob den Zinneierbecher neben die Teekanne.

„Ich weiß. Trotzdem solltest du es tun", sagte Pascal, „wenn du das Ei nicht willst, nimm doch von dem Schinken, er ist sehr gut."

Anna nahm etwas von dem geräucherten Lachsschinken und etwas Brot dazu. Sie aßen nun beide schweigend. Wenn Anna etwas Tee mit Rotwein trank, nahm auch Pascal einen Schluck aus seiner Tasse.

„Das ist ein Unglück, das mit Bill", sagte Anna nach einer Weile.

„Ich weiß", entgegnete Pascal.

„Seit vier Monaten hat Bill nicht mehr mit uns zu Abend gegessen", fuhr Anna fort.

„Ich weiß", sagte Pascal.

„Seit drei Monaten ist Bill überhaupt nicht mehr bei uns gewesen", sagte Anna nun weinerlich.

„Ich weiß", hauchte Pascal mit spitzen Lippen.

Anna dachte: 'Er weiß eben alles.' Sie setzte ihre Tasse hart auf und sagte erregt: „Das mit Bertier weißt du aber noch nicht. Oder weißt du das auch schon? Ja? Weißt du schon, das Bertier Bischof geworden ist?

Kannst du dich überhaupt noch an ihn erinnern? Ja? An Pastor Bertier, der unseren Bill eingesegnet hat? Und der seinen Sohn Karl immer scherzhaft Karl den Fünften nannte? Er soll Bischof geworden sein, der gute Bertier." Sie beobachtete aufmerksam das Mienenspiel auf seinem Gesicht.

Professor Pascal fuhr sich schnell mit der Zungenspitze über seine schmale Oberlippe, dann ließ er einen leisen Pfiff ertönen.

Anna sagte: „Aha, das wußtest du also nicht. Ich will ganz offen reden, Matwej, ich möchte gern, daß wir an ihn schreiben. Ich meine wegen Billy. Wenn nun Bischof Bertier ihn aufsuchen und ihm sagen würde: 'Du, Bill Pascal, weißt hoffentlich noch, wo dein Elternhaus steht?' – Oder Bertier könnte auch folgendes sagen: 'Du, Bill Pascal, bist wohl nicht richtig erzogen worden, was? Man meldet sich doch, wenn man Geld bekommen hat.' Ach Matwej, was meinst du dazu? Schreiben wir einen Brief an Bertier? Und bitten wir ihn, uns zu helfen? Denn schließlich ist er Billys Pastor gewesen, und schließlich zahlst du jedes Jahr einen Haufen Kirchensteuern, nicht wahr?"

Professor Pascal war voller Mitleid mit sich selbst. Er dachte: 'Ich muß eines Tages vielleicht noch diese Stadt verlassen, wo mein Haus steht und wo ich an der Universität meinen Lehrstuhl habe, denn Anna wird keine Ruhe geben.'

Anna fuhr fort: „Sag mal, Matwej, was bedeutet Billys neue Anschrift? Ich meine die Adresse, die du mir gegeben hast? Wer ist diese Therese Ippen, bei der Billy wohnt? Kennst du sie etwa? Ja, sind denn hier alle in meiner Umgebung ohne Verstand? Weshalb ist Bill überhaupt bei uns ausgezogen? Angeblich, weil er im Studentenwohnheim besseren Kontakt zu den anderen habe. Nun gut. Und wieso wohnt er derzeit in der Wohnung irgendeiner Therese Ippen?" Anna Pascal haßte in diesem Augenblick ihren Mann, seine ganze Art und seine Verlogenheit, wie sie es innerlich wütend nannte.

„Die Leute reden viel, wenn der Tag lang ist", sagte Pascal. Unbeherrscht und lauter als sonst fuhr er fort: „Bertier, Bertier. Weshalb sollte dieser Bertier denn Bischof geworden sein? Den Namen Bertier gibt es doch sehr häufig." Er warf sein Eßbesteck neben seinen Teller und grimassierte.

Anna, die sich vor seinem Jähzorn zu fürchten begann, sagte ablenkend: „Komm, Matwej, ich nehme dir die Mittelgräte heraus, es gibt ja noch Fisch."

Sie begann nun, einen geräucherten Fisch zu entgräten. Als sie damit fertig war, schob sie ihn an Pascals Platz.

Pascal warf den Teller auf den Teppich, dabei schrie er: „Bertier, Bertier! Ich höre mir deine Dengelei nicht mehr länger an, du dumme Pute!"

Etwa dreißigmal schrie er noch „Bertier".

Anna war in die Küche gelaufen und hatte einen Kehrbesen, eine Schaufel und einen Wischlappen hereingeholt. Sie reinigte den Teppich. Dabei schwieg sie, um Pascal nicht noch mehr zu reizen.

Plötzlich hörte Pascal auf, den Namen Bertier zu sagen, weil ihm etwas eingefallen war. Er dachte: 'Den Fall werde ich veröffentlichen.'

Er sah freundlich auf Anna herab, die noch auf dem Teppich kniete.

Anna, die mit der Reinigung längst fertig war, kam sich auf dem riesigen orientalischen Teppich wie auf einer endlosen Wiese vor.

Pascal ergriff ein tiefes Gefühl von Dankbarkeit, als er sie so hocken sah. Er sagte leise: „Anna, entschuldige bitte das mit dem Teppich. Und wenn du dir davon etwas versprichst und es unbedingt so haben willst, diktiere ich dir auch einen Brief an Bertier. Ich bin mit der Geschichte aber fertig."

Anna sagte müde: „Ja, das ist wahr. Du hattest ja auch nichts dagegen, als Bill ins Studentenheim zog. Aber für mich ist es das Grausamste gewesen." Sie erhob sich vom Teppich, um Kehrschaufel, Besen und Wischlappen wieder hinauszutragen.

„Da irrst du dich, Anna, es gibt Schlimmeres", sagte Pascal.

'Vielleicht für dich, Matwej', dachte sie, 'für dich als Direktor einer so großen Nervenklinik. Aber für mich als Mutter ist es das Schlimmste, das es auf der Welt gibt. Bill ist doch mein einziges Kind.'

In dieser Nacht, als Anna auf den Atem ihres Mannes horchte, schlug ihre Trauer in Angst um. Sie lag auf der rechten Seite und mit dem Gesicht zur Wand. „Lieber Gott. Mach doch bitte, daß alles wieder gut wird", betete sie. Anna begann schließlich zu weinen, weil sie, wie sie sich einzureden begann, nicht mehr richtig beten konnte. Als der Morgen endlich kam und ein heller Lichtschein auf ihr Bett fiel, schlief sie eine Weile.

Professor Pascal hatte schon das Haus verlassen, als Anna ihr Frühstück bekam. Die Frau, die im Pascalschen Haushalt tätig war, sprach nicht mit Anna. Diese Frau sprach überhaupt nicht, und wenn, nur mit Professor Pascal. Sie war eine Patientin von ihm und versah den Pascalschen Haushalt in den Vormittags- und Abendstunden. Anna frühstückte im Bett. Dann ging sie in ihr Badezimmer, um sich abzuduschen. Dabei überlegte sie krampfhaft, was nun zu machen sei: entweder in Bills Wohnung zu gehen oder Bischof Bertier aufzusuchen. Sie entschied sich für letzteres.

Im Vorgarten der bischöflichen Villa arbeitete der Butler. Von ihm wurde sie zur Bischofskanzlei geschickt, die sich ebenfalls in der Villa befand. Hier in der Kanzlei wurde ihr aber mitgeteilt, daß der Bischof an diesem Tag überhaupt nicht zu sprechen sei. Sie verließ wieder die Villa, nachdem sie sich über die Sprechzeiten informiert hatte. Sie ging denselben Weg, den sie hergekommen war, zurück.

Hin und wieder blieb sie stehen, weil sie ziemlich ratlos war. Als eine ältere Frau mit zwei jungen Männern vorbeiging, dachte sie: 'Da geht eine Mutter mit ihren beiden Söhnen.'

Plötzlich wurde sie von einem Herrn, der sie überholte, angesprochen: „Was denn? Sie? Frau Professor Pascal? Man glaubt es ja kaum nach all den Jahren."

Anna ordnete ihre Gedanken: 'Bertier, der neue Bischof. Es war kein Gerede. Er kommt jetzt aus der Villa. Ob er weiß, daß ich bei ihm in der Kanzlei gewesen bin?'

Sie grüßte aufgeregt: "Guten Tag, Pastor Bertier."

Innerlich entsetzte sie sich aber sofort, weil sie nicht „Herr Bischof" gesagt hatte. Oder hieß es Hochwürden oder Monseigneur? Und sie fühlte sich sehr verunsichert. Bertier sagte leutselig: „Wie geht es Ihnen denn? Was macht Professor Pascal?"

Anna stammelte: „Danke, danke, es geht so." Sie erinnerte sich plötzlich an die Einsegnung und an die Ehrfurcht, die sie, Billys Mama, vor Pastor Bertier gehabt hatte. Sie sagte kindlich lächelnd: „Billy wollte ja schon immer Medizin studieren. Erinnern Sie sich daran?"

Bertier antwortete etwas bedrückt, wie es Anna schien: „Ja, ich erinnere mich. Übrigens ist Karl der Fünfte mit seinem Studium ja auch fertig. Ich sage immer, es geht alles schneller, als man zunächst glaubt."

Anna sagte leise: „Ja, das Glauben, das ist wichtig, nicht wahr? Pastor Bertier, ich kann nicht mehr richtig beten." Sie schluchzte laut.

Bertier war rot geworden und sah sie fassungslos an.

„Da staunen Sie", sagte Anna. Und sie schüttelte sich leise wie im Fieber.
„Aber nicht doch", sagte betroffen Bertier.

Anna gab ihm die Hand. Dabei überstürzten sich ihre Gedanken. Zuletzt dachte sie: 'Ich möchte glauben können. Und ich möchte auch diese Welt verändern. Ja, unbedingt. Es wäre gut, mit Bertier zusammen in einer Fabrik zu arbeiten. Wie wir uns wohl anstellen würden? Oder im Stall bei den Versuchshunden der Psychiatrie. Dort, wo das Elend und der menschliche Erfindergeist gleichermaßen zu Hause sind. Ob er das wohl aushalten würde, der gute Pastor Bertier? Ob ich das aushalten würde? Er und ich, wir würden wohl alles gründlich verändern. Er nannte seinen Sohn Karl noch immer nach dem römisch-deutschen Kaiser Karl den Fünften.'

„Wohin gehen sie jetzt, Frau Professor Pascal?", fragte Bertier besorgt.

Anna sagte lächelnd: „Spazieren, Herr Bischof. Jetzt gehe ich spazieren, was sollte ich denn sonst wohl tun?" Sie hörte noch, wie Bertier die Luft einsog.

Im Café war es schwül und rauchig und ziemlich dunkel. Es war Spätnachmittag, und es gab eine Menge Leute, die hier saßen. Die Stühle waren unbequem und die Stuhllehnen fettig vom vielen Anfassen. Alle tranken hier Bier, einige rauchten oder aßen Bockwürste und Brotscheiben von einem großen Weißbrot, das auf einem Radioapparat lag. Anna, die lange Zeit gelaufen war und seit dem Frühstück nichts mehr gegessen hatte, setzte sich hin. „Bier oder Kaffee?", fragte eine Kellnerin ziemlich unfreundlich.

„Ich möchte eine Tasse Kaffee mit Zucker und Sahne", sagte Anna. Die Kellnerin erklärte, daß der Kaffee hier nur ohne Zucker und ohne Sahne zu haben sei.

„Eine Tasse Kaffee schwarz", bestellte Anna artig. „Und wie ist's mit Bockwurst, die Dame?", fragte die

Kellnerin nun noch unfreundlicher. Anna sagte: „Ja, natürlich auch. Ich möchte eine Bockwurst mit viel Brot dazu."

Die Kellnerin brachte das Gewünschte sofort. Anna begann, hastig zu essen, und sie fand, daß die Bockwurst und auch das Brot und der schwarze Kaffee sehr gut waren.

„Oh wie schade, daß ich schon vergeben bin", sagte einer vom Nebentisch. „Ja, das stimmt, er ist schon vergeben", versicherte ein anderer, der neben ihm saß. Anna reagierte nicht darauf, obwohl sie wußte, daß diese Bemerkungen ihr gegolten hatten.

„Lang mal die Weinkarte rüber, die Dame möchte Wein trinken", und zu Anna sagte der vom Nebentisch: „Sie möchten doch Wein trinken? Sie sehen mir ganz so aus." Alle im Café lachten nun, weil es hier keine Weinkarte gab.

Der Sprecher hatte sich erhoben und war zur Theke geschritten. Er kam mit zwei Gläsern Schnaps an Annas Tisch. „Wollen Sie mit mir einen Schnaps trinken? Wir trinken jetzt alle einen Schnaps."

Anna blödelte nun mit: "Ihr habt wohl alle eine Krankschreibung bei euch, was? Die Fabrik hat doch noch gar nicht Schluß gemacht. Na klar, ich trinke einen Schnaps mit euch, weshalb denn auch nicht?"

Sie dachte, während sie nun etwas Wodka trank: 'Wenn Matwej davon wüßte. Ach du liebe Güte. Er wäre ja außer sich.'

Einer der Männer sagte: „Sind wir nicht nett zu Ihnen? Das müssen Sie doch zugeben, daß wir nett zu Ihnen sind, nicht wahr?"

Anna nickte und antwortete lachend: „Aber ja, ihr seid schon nette Leute. Ihr seid wirklich sehr nett zu mir, aber irgendwie gehöre ich ja zu euch, und das habt ihr vielleicht gespürt, was? Mein Vater war auch in der

Fabrik." Und sie dachte: 'Wenn wir alle keinen Kummer mehr hätten, könnten wir auch nicht mehr miteinander reden. Oder glaubt ihr, meine Freunde, daß wir, die wir in diesem dunklen Café sitzen, sonst wohl hier beisammen wären? Ich weiß es nicht. Ich weiß es wirklich nicht, aber ich denke, daß wir dann nicht beisammen wären. Jedenfalls ich für meinen Teil wäre wohl nicht hier.'

Die Kellnerin sagte jetzt freundlich: „Wie heißt er denn? Ich kenne viele, die hier verkehren."

Anna sagte: „Wir wohnten in der Mittelstraße unmittelbar an dieser Pharmazie-Bude. Und ich wollte unbedingt da weg, wissen Sie? Ich mochte die Pharmazie-Bude nicht besonders. Aber wozu noch davon reden, wo meine Eltern doch schon tot sind."

Die Kellnerin sagte: „Sie haben wahrscheinlich niemandem etwas zuleide tun wollen, und Sie haben es dann doch getan, indem Sie einfach von zu Hause weggelaufen sind, stimmt's? Ach ja, jetzt sehe ich es Ihrem Gesicht an, daß ich den Nagel auf den Kopf getroffen habe. Wir müssen aber darüber reden, ich kenne viele von damals, die heute schon alle nicht mehr leben, ich arbeite seit dreißig Jahren in diesem Café. Aber Sie kommen sicherlich einmal wieder, nicht wahr? Darum verschieben wir es auf das nächste Mal, ich habe schon mitgekriegt, daß Sie weiter wollen."

Anna sagte sehr nachdenklich: „Ja, das ist wahr, ich bin einfach weggelaufen von zu Hause. Ich gebe es unumwunden zu, aber ich war ja noch jung damals, wissen Sie?"

Der Mann, der den Schnaps bezahlt hatte, fragte Anna: „Wann kommen Sie wieder mal her?"

Anna fragte zurück: „Was meinst du? Ach so, du willst etwas von mir wissen, was ich selber noch nicht weiß."

Sie legte ein Zweimarkstück auf die Tischplatte und

sagte leise zu sich selbst: 'Komm Anna, laß uns gehen.' Die Kellnerin nickte ihr zu. Anna öffnete die Tür und winkte mit einer Hand zurück ins Café.

Anna schritt kräftig aus. Sie überquerte mehrere Fahrbahnen und durchlief häßliche graue Straßen. Furchtbarer als der schweflige Schimmer des Himmels war der beißende Gestank, der sich überall bemerkbar machte. Dieser Stadtteil lebte sein eigenes Leben. Anna wußte das. Man kannte einander von Haus zu Haus, von Wohnung zu Wohnung, Familie um Familie war miteinander verschwistert oder verschwägert. Jeder Fremde, der hier durchkam, wurde von den Menschen, die in den Hauseingängen oder hinter Fensterglas standen, neugierig und mißtrauisch beäugt.

Anna ging nun noch schneller.

Menschen kamen ihr entgegen, immer mehr Menschen, und alle gingen in dieselbe Richtung wie sie. Es war ein Demonstrationszug.

Anna las eine Losung auf einem Transparent: „Weg mit der Bombe, wir wollen Frieden."

Während Anna neben dem Transparentträger blieb, überlegte sie: 'Alle, die ich kenne, sind für den Frieden: Matwej ist für den Frieden, und Pastor Bertier ist für den Frieden. Und meine Freunde aus dem dunklen Café sind für den Frieden. Und alle, die in diesen grauen Häusern wohnen. Na, und schließlich ich selbst.'

Die Demonstrantengruppe näherte sich der großen grauen Fabrik, und Anna dachte etwas erschrocken: 'Meine Güte, die olle Pharmazie-Bude, die man die ganze Zeit schon riecht. Sie existiert immer noch unverändert. Sie ist nicht mal mit einem neuen Putz versehen worden. Wie ein großer grauer, stinkender Moloch liegt sie da. Ganz genau wie damals. Als Vater noch lebte. Im Grunde war es schrecklich gewesen. Bis in die Betten der Arbeiter hinein verfolgte die Fabrik hier alle. Nachts hatte Anna den Gestank bis in ihre Träume gespürt. Sie wunderte sich plötzlich, daß ausgerechnet sie, die Tochter eines Arbeiters, die Gattin Professor Pascals – des vielgeehrten und bedeutenden Wissenschaftlers Matwej Pascal – geworden war. Wie merkwürdig fern war jetzt die stille einsame Villa mit dem Kaminzimmer.

„So muß es möglicherweise den Verrückten gehen, von denen Matwej manchmal erzählt hat", murmelte sie. Fast wie im Rausch, wie im Fieber lief Anna mit den Demonstranten an den Fabrikgebäuden vorbei. 'Und die neue Adresse von Billy muß hier ganz in der Nähe sein', dachte sie.

Anna Pascal zweifelte plötzlich an der Existenz der Villa mit dem Kaminzimmer. Ihre Einsamkeit erschien ihr unnötig, fast lächerlich. Sie fragte den Transparentträger, neben dem sie immer noch herlief: „Kennen Sie Professor Pascal, den bedeutenden Wissenschaftler?"

Der Träger fragte zurück: „Wen? Was soll denn das für einer sein?

Anna mußte lachen.

Sie ging mit den Demonstranten noch bis zur Kreuzung.

Anna klopfte an eine Tür. Als sich niemand meldete, öffnete sie die Tür.

Therese Ippen windelte ihr Kind. Anna schob sich an ihr vorbei ins Zimmer und sagte: „Ich wollte gerne den Studenten Bill Pascal sprechen. Ich bin nämlich seine Mutter."

Therese sagte: „Entschuldigen Sie bitte, ich muß erst mein Kind windeln." Und zu dem Kind sagte sie: „Hat keinen Vater mehr, das liebe Kleine. Hatte aber einen schönen. Hatte aber einen klugen Vater, das ist wahr. Ach, du mein liebes kleines Kindchen du. Wenn ich auch bloß eine aus der Fabrik gewesen bin, so hatte er mich doch gern. Er fand meine Haut zart. Ach, du liebes Kleines, hast du auch wieder diese schöne zarte Haut wie ich? Dein Papa mußte ja immer soviel arbeiten, damit Milch und Wäsche gekauft werden konnten. Er war viel zu stolz, seine Eltern zu bitten, und ist darum auch von zu Hause weg. Das ganze vornehme Getue hielt er nicht mehr aus, dein Papa. Aber mit mir ist er so gerne auf den Markt einkaufen gegangen. Ja, er war sehr stolz, dein Papa. Und als er tot war, kam immer eine Postanweisung."

Therese hatte das Kind fertig gewindelt. Sie wandte sich nun Anna zu und sagte: „Er mußte ja nachts in der Autoklavenanlage immer Nachtschicht fahren, um Geld zu verdienen. Sehen Sie, meine Dame, ist er nicht schön, der kleine Billy Pascal? Mein kleiner Billy ist doch wirklich ein schönes Kindchen, nicht wahr?"

Anna, die begriffen hatte, was dieser Auftritt sollte, begann, hemmungslos zu weinen.

Therese Ippen legte das Kind ins Bett, kam auf Anna zu und sagte leise: „Mutter."

Anna stammelte entsetzt: „Und wo ist nun Bill, mein Sohn? Ach Therese, liebe Therese, sei gut und hol mir meinen Sohn."

Nun schluchzte auch Therese, und nach einer Weile stammelte sie: „Mutter, er ist doch tot."

Anna fiel in sich zusammen, als es ausgesprochen war.

Sie wollte nach Thereses Händen greifen, aber das drang schon nicht mehr in ihr Bewußtsein. Wie ein Automat hämmerte ihr Hirn: 'Matwej, nun ist unser Leben vorbei, nun ist von allem Gold der Glanz abgegangen. Was geblieben ist, ist ein Kamin oder ein häßlicher kleiner Becher aus Zinn. Häßliches lebloses Zeug, das mich fremd und seelenlos anstarrt. Matwej, ich mag es nicht mehr sehen, damit du's weißt.'

Therese Ippen goß etwas Kognak in ein Wasserglas

und drückte Anna das Glas in die Hand. Anna trank etwas davon, dann faltete sie die Hände.

So saß sie eine Weile.

Plötzlich schrie sie: „Aber ich durfte immer Geld an ihn schicken! Geld an einen Toten, Therese! Das hatte Matwej mir doch erlaubt, hast du gehört? Professor Matwej Pascal erlaubte seiner Frau Anna Pascal, sinnloses Geld an ihren toten Sohn zu schicken. Oh, oh. Diese ungeheuren Lügen, wie habe ich sie satt!"

Therese Ippen sagte leise: „Aber vielleicht liegen die Dinge ganz anders. Wir brauchen doch das Geld, nicht wahr? Es ist doch schließlich euer Enkelkind. Weißt du überhaupt, Mutter, wie der Unfall passiert ist? In dieser Nacht hatte der Schichtleiter, inzwischen ist der Kerl natürlich entlassen, einfach Schnaps getrunken. Und Bill, er war ja so gutmütig, hatte ihn schlafen lassen. Ganz gegen die Vorschrift bediente Bill nun den Autoklaven B 4 allein. Es war ein riesiges Glasgefäß zu sterilisieren gewesen, das nur mit dem Kran herausgehoben werden konnte. Und wie schon so oft mußte sich wohl eine der Hängeketten verheddert haben. Ja, und wie gesagt, liebe Mutter, ich kann mir's nur so denken: Bill wollte wohl die Halterung richten und ist deshalb gegen die Vorschrift aus dem Kran geklettert. Er hat sich unter das hängende riesige, über zweihundert Grad heiße Gefäß gestellt, und in dem Augenblick ist das Glasgefäß aus der Halterung herausgerutscht – jedenfalls hat der Suffkopp von Schichtleiter dann den laufenden Kran leer gefunden und Bill tot unter dem Glaskessel. Dem Kessel war übrigens nichts passiert, der kühlte friedlich ab. Diese großen Dinger müssen ja vor jedem Neuansetzen sterilisiert werden, darin wachsen ja die Pilze, aus denen Antibiotika gewonnen werden."

Anna saß wie erstarrt da. Endlich sagte sie: „Jawohl, weil ich diese Lügen satt habe und weil du die einzige bist, die mir die Wahrheit gesagt hat, bleibe ich nun für immer bei dir und dem Kind." Sie trank etwas Kognak.

„Mutter", begann vorsichtig Therese, „Mutter, vielleicht kannst du bei uns in der Fabrik anfangen. Die Fabrik sucht immer Leute. Es ist irgendwie wunderbar, daß wir beide uns endlich begegnet sind, finde ich. Und dein Enkelkind wirst du sehr liebhaben, nicht wahr? Wir beide lieben doch unseren kleinen Billy."

Anna sagte: „Du gefällst mir, Therese. Du gefällst mir sogar sehr. Ach, meine liebste Therese, wenn ich doch bloß nicht so unglücklich wäre. Über diesen Schlag komme ich niemals hinweg. Und was deinen Vorschlag anbetrifft, ich sehe mich schon von irgendeiner mürrischen Person eingewiesen. Ich bekomme ein Spind für meine Kleider. Ich mache immer wieder ein und denselben Handgriff. So ist es doch, oder etwa nicht? Ja, meine Therese, es würde so sein. So und nicht anders. Denn die olle Pharmazie-Bude, deine Fabrik, Therese, braucht ja Hände. – Hände wie deine und Hände, wie meine Freunde aus dem dunklen Café sie haben und ich selbst und wie unser Bill sie hatte. Oh mein geliebter Bill..."

Anna schluchzte laut. Dann sagte sie heftig: „Und acht oder neun Stunden, was weiß ich denn, immer ein und derselbe Handgriff."

Auf einem Tischchen lagen Bücher von Bill Pascal: Lehrbücher für Innere Medizin und für Neurologie und einige Taschenbücher mit gewellten Einbänden. Zwischen die Bücher hatte Therese ein Foto von sich und dem Studenten Bill gestellt.

Therese Ippen begann, für das Abendessen zu decken. Dabei plauderte sie: „Im Ruheraum haben wir jetzt Grünpflanzen. Und die neuen Duschanlagen funktionieren sehr gut. Vorigen Monat habe ich eine Prämie bekommen."

Therese lächelte. In ihrem zarten Gesicht waren das Auffallendste ihre strahlend blauen Augen. Anna betrachtete liebevoll dieses hübsche mädchenhafte Gesicht. Sie sagte: „Therese, weißt du, daß du sehr hübsch bist? Ach, ich will ganz ehrlich zu dir sein. Das mit der Fabrik schön und gut und in allen Ehren, aber ich würde jeden Morgen um vier Uhr aufstehen müssen, und dieser Gedanke macht mich krank. Ich bleibe genau bis morgen vormittag bei dir und Klein-Billy, und dann lass' ich mich mit einer Taxe nach Hause fahren. Schließlich können wir ja nichts ohne Matwej entscheiden. Nicht wahr? Das verstehst du doch. Er ist nun mal nicht irgendwer, sondern Professor Pascal, der berühmte Professor Pascal."

Therese sagte: „Ja, liebe Mutter, das versteh' ich. Bloß weil du doch gesagt hast, daß du die Lügen satt hast und in die Fabrik arbeiten gehen wolltest und bei mir wohnen." Anna sagte sanft errötend: „Liebling, das mit der Fabrik war doch deine Idee! Ich bin ja schon so alt, mindestens doppelt so alt wie du. Aber das Lügen habe ich satt, das stimmt. Und das werde ich auch meinem Mann erklären. Aber meinen Bill bekomme ich ja nicht wieder, ob ich nun hier bin oder bei meinem Mann. Und dein liebes Kleines, unseren Enkel Billy, darf ich mir doch hin und wieder zu uns holen?"

Therese hatte den Tisch fertig gedeckt und Brote mit Butter und Leberwurst bestrichen. Sie ging nun an das Kinderbett und kam mit dem Kind zu Anna, legte es ihr in die Arme. Anna sagte gerührt: „Er wird liebevolle Großeltern haben."

Therese Ippen nahm plötzlich Anna das Kind wieder weg und sagte erregt: „Mir persönlich, Frau Professor Pascal, Madam Pascal, Missis Pascal, wären liebevolle Schwiegereltern angenehmer gewesen. Dann hätte ich heute noch einen liebevollen Mann und brauchte keine liebevollen Großeltern für meinen kleinen Billy, die sich mit Postanweisungen freikaufen wollen."

Anna, die nach einer Leberwurststulle gegriffen hatte, ließ diese fallen. Sie wußte kaum, wie sie aus dem engen Zimmer hinaus auf die Straße gelangt war. Wie auf der Flucht verließ sie Therese Ippens Wohnung und den nördlichen Teil der großen Stadt, den Industriebezirk. Sie lief südwärts, immer nur südwärts, heimwärts in die stille Villa inmitten eines großen Gartens.

Professor Pascal saß bei gedämpften Licht am Abendbrottisch. Er löffelte Obstsalat. Ab und an trank er einen Schluck Tee.

Anna setzte sich im Mantel an den Tisch und sah ihren Mann fest an, als sie sagte: „Unsere Schwiegertochter ist der Meinung, daß wir unseren Sohn umgebracht haben. Und ich bin der Meinung, daß dir für deine faustdicken Lügen ein Ehrendiplom überreicht werden sollte."

Professor Pascal stellte mit einer leichten Handbewegung sein Obstschälchen beiseite und entgegnete: „Anna, ich muß dir etwas erklären..."

Anna schrie: „Seit Jahren höre ich deine Erklärungen, immer neue Erklärungen, du solltest endlich einmal schweigen, den Mund halten sollt ihr alle mit euren Erklärungen! Schon von zu Hause bin ich ausgerissen, weil mir erklärt wurde, wie sich ein Mädchen aus der Mittelstraße aufzuführen hat. Dann bin ich vor dir ausgerissen, so oft in Gedanken ausgerissen. Schließlich bin ich zu Therese Ippen geflohen, aber auch vor deren Beschuldigungen bin ich wieder ausgerissen. Und auch mein armes Kind, mein Bill, ist ausgerissen vor dir und vor deinen Erklärungen und vor mir, weil ich bloß dein Papagei gewesen bin, deine Tute!" Anna Pascal schluchzte hemmunglos, sie hockte zusammengekrümmt mit wirrem Haar auf ihrem Stuhl und stierte durch einen

Tränenschleier ihren Mann an. Der hatte sich wortlos erhoben und füllte zwei Kognakgläser.

„Trink etwas, Anna“, sagte Professor Pascal, „ein, zwei Schluck Kognak werden dir gut tun, weil du ja von heute an keine Tabletten mehr brauchst.“

Anna Pascal sah ihren Mann fassungslos an. Sie fragte: „Matwej, warum hast du mich derart belogen?“

Professor Pascal schwieg eine Weile, dann sagte er mit sanftem Tonfall: „Vielleicht haben wir uns beide belogen, Anna. Wir wollten uns beide nicht eingestehen, daß wir mit Billys Weggang eine große, echte Niederlage erlitten hatten. Ich verbarg meine Enttäuschung hinter übergroßer Geschäftigkeit. Du hast deinen Kummer verdrängt und dir eingeredet, Bill sei ja noch nicht lange weg und käme bald wieder zurück. Dein ständiges Warten auf ihn löste Wahnvorstellungen in dir aus, so daß du teilweise stationär behandelt werden mußtest. Als Bill dann tot war, warst du für diese Nachricht gar nicht aufnahmebereit. Du hättest mir diese Nachricht nicht geglaubt. Also ließ ich dich Postanweisungen, die dir etwas Ruhe und Trost verschafften, ausfüllen und zum Postamt tragen, an unser Enkelkind, von dessen Geburt ich erst erfuhr, als mir die Nachricht vom Tod unseres Sohnes überbracht wurde. Glaube mir, es war schrecklich für mich, Anna ...“

Anna hatte ihren Mantel ausgezogen und ihr Haar mit beiden Händen geglättet. Sie sagte nun mit ruhiger Stimme: „Dann müssen wir von nun an für den kleinen Billy Pascal leben, Matwej, schon morgen will ich dem Gärtner sagen, daß einige Veränderungen im Garten vorgenommen werden müssen. Der Gärtner soll uns auch eine Schaukel anbringen, schließlich wird Klein-Billy ja größer und möchte dann schaukeln. Und selbstverständlich soll auch Therese Ippen bei uns wohnen, und der kleine Billy Pascal soll eine erstklassige Erziehung haben." Professor Pascal fragte nachdenklich: „Anna, kennst du den Ausspruch des alten Philosophen, der einmal gesagt hat, man könne niemals zweimal im gleichen Fluß baden?"

Anna schrie wie besessen: „War dieser Mensch betrunken? Ich für meinen Teil kann zweimal im gleichen Fluß baden, die Veränderungen machen mir nichts aus, mir nicht!"

Professor Pascal erhob sich und ging im Zimmer auf und ab. Nach einer Weile entgegnete er: „Der kleine Billy Pascal ist nicht unser Sohn, sondern der Sohn von Therese Ippen, und dieser Unterschied ist so gravierend, daß man ihn nicht übersehen sollte. Und da helfen auch keine Mogeleien und keine besonderen Veränderungen im Garten."

„Wer ist denn diese Therese Ippen? Was will sie denn von uns?" rief Anna. Sie war nun aufgesprungen und auf die Terrasse gerannt. Professor Pascal folgte ihr.

„Ihr eigenes Leben will Therese Ippen, so wie du dein eigenes Leben haben wolltest, ich und Bill, wir alle!" sagte Pascal.

Anna schluchzte laut.

Professor Pascal ließ sie gewähren. Nach einer Weile erklärte er mit sanftem Tonfall: „Anna, wenn Therese Ippen eines Tages mit ihrem Mann, ich denke, daß sie heiraten wird, je früher desto besser, bei uns auf Besuch kommen wird und der kleine Bill in unserem Garten schaukelt, soll es mich herzlich freuen. Und wenn Therese unsere kleine Hilfe für sich und unser Enkelkind weiter annimmt, wollen wir dankbar sein." Professor Pascal überlegte, ob es jetzt der rechte Augenblick sei, seiner Frau die Hand zu küssen. Anna sagte leise: „Ich frage mich manchmal vergeblich, woher Matwej, hast du das alles? Dann sage ich mir – das kommt von deinem Beruf – aber wiederum, lernt man das in den Büchern?"

Matwej küßte ihr die Hand, dann sagte er lächelnd: „Wir alle haben es gut mit dir gemeint. Bertier übrigens auch, er hatte an Billys Grab gepredigt. Er sagte unter anderem, man müsse für immer die Erde verlassen, um zum Leben zurückzukehren. Ja, um neu zu leben, müsse man erst sterben, und darin liegt für mich etwas merkwürdig Tröstendes."

Anna ging zurück und setzte sich wieder an den Tisch. Pascal folgte ihr und setzte sich ebenfalls. Eine Frau ging über die Terrasse. Sie trug einen hellblauen kurzen Anstaltsmorgenrock über einem weißen Hauskleid. Anna sagte nachdenklich: „Du wolltest mich also schonen, und das ist dir gelungen, nicht wahr? Ach, Matwej, ich hatte einen wundervollen Ausflug unternommen. Ich muß dir wohl erzählen, daß ich die Stätten meiner Kindheit abschritt, die Fabrik, das dunkle Café, die Mittelstraße, in der auch unsere Therese wohnt. Ich unterhielt mich sogar mit ehemaligen Kollegen meines Vaters, stell dir vor. Weißt du, gerade der Kontakt zu diesen erdnahen liebenswerten Menschen war so wunderbar."

Sie ließ nun absichtlich ihre Hand etwas an der seinen entlanggleiten, und sie fühlte sich plötzlich glücklich, ihren Mann, den überaus klugen Matwej Pascal berühren zu dürfen. Und sie dachte: 'Wir alle müssen auch immer wieder auferstehen. Ich sollte diesen Satz in mein Tagebuch schreiben. So wie die Erde jedes Jahr immer wieder neu aufersteht, so wie im Garten die roten Rosen neu erblüht sind, müssen wir alle wieder auferstehen.' Plötzlich fiel ihr ein, daß diese Ansicht vielleicht nicht richtig sein könne, denn die Auferstehung des Gekreuzigten war ja ganz anders gemeint. Sie sagte bittend: „Matwej, was meinst du dazu, dürfte ich wohl Bischof Bertier einmal zu uns einladen? Er war ja so wunderbar, der gute Bertier. Er sprach mich doch wahrhaftig außerhalb seiner Bischofskanzlei an, also so etwas Natürliches, stell dir das mal vor, Matwej."

Professor Pascal schob das Obstschälchen weiter weg und griff nach der Teekanne.

Annas Gesicht war leicht gerötet, und sie bemerkte, daß die Teekanne leer war.

Matwej sah mit starrem Blick in den Garten, kleine Schweißtropfen standen auf seiner Stirn.

„Hallo!" rief Anna.

Über die Terrasse ging wieder die Frau mit dem hellblauen kurzen Anstaltsrock. Sie reagierte aber nicht auf Annas Ruf.

Matwej schreckte auf: „Pardon, Liebste, ich muß doch gleich mit meinen Notizen beginnen. Und wie gesagt, nachdem ich den Posten des Vorsitzenden der Gesellschaft niedergelegt hatte, habe ich nur noch mit dem zweiten Vortrag zu rechnen, aber ich muß gewappnet sein für jede Diskussion. Und ich brauche überhaupt keinen ersten Vortrag, denn eines mußt du wissen, Anna, man kann sich auch erstklassig blamieren im ersten Vortrag. Und ich habe überdies genug Festreden gehalten, weißt du, wissenschaftlich gepfefferte und wissenschaftlich gezuckerte Festreden. Und ich bin nun angelangt im fünften Jahrzehnt meines Lebens bei der harten Diktion reproduzierbarer Tierversuche." Dann schrie er unvermittelt, als die Frau zum dritten Mal sichtbar wurde: „Tee!"

Diese blieb ruckartig stehen, kam dann mit schnellen, hüpfenden Schritten durch die Terrassentür hereingelaufen und nahm mit einer artigen Verbeugung gegen den Professor Pascal die Teekanne vom Tisch und verschwand damit.

Anna sagte: „Liebster Matwej, du warst auf dem letzten Symposium so wunderbar. Ja, wirklich." Sie sah ihn lächelnd an.

„Das freut mich, weil du es sagst. Aber mich interessiert heute weniger eine geschwollene Redewendung, die den Grauköpfen in den vordersten Reihen gefallen könnte, sondern ich schlage lieber zu mit Ergebnissen, die hochsignifikant sind", sagte Professor Pascal.

Die Frau kam mit hüpfenden Schritten durch die Terrassentür herein und brachte die gefüllte Teekanne. Mit einer artigen Verbeugung gegen Professor Pascal stellte sie die Kanne auf den Tisch, dann verschwand sie wieder. Die Pascals tranken noch etwas Tee ohne Zucker, dann begleitete Anna ihren Mann bis vor die Kliniktür. „Ja, ich will noch nach einem Patienten sehen", sagte Professor Pascal. Anna dachte: 'Was für ein Mensch ist Matwej. Er trägt sein Herz – ach was, er versteckt sein Herz unter einem Panzer von Begabung, Sachlichkeit und Pflicht. Und Bertier, ach, der gute Bertier, nannte seinen Sohn Karl den Fünften, weil dieser, wie der berühmte römisch-deutsche Kaiser, schwarze Kleidung mit ganz wenig Goldschmuck bevorzugte.'

Die Mutter des Gefangenen

Das Land ist aufgeweicht vom Winterregen. Durch die kahlen Bäume fährt der Wind. Wolkenfetzen jagen über den Himmel. Ein Tag liegt hinter ihr. Wieder so ein erbärmlicher Tag, aufgezehrt von der Sorge um den Sohn und um sich selbst. Eigentlich hatte sie ihrem Leben ein Ende setzen wollen, aber dann hatte sie es doch nicht getan. Irgend etwas hatte sie daran gehindert und weiterlaufen lassen, immer weiter – ziellos. Schon den ganzen Tag ziellos und verwirrt. Um den Leib trägt sie noch den Hanfstrick, mit dem sie sich erhängen wollte.

„Da wollte ich nun fortgehen von dieser Erde in das Reich der Schatten – und plötzlich hielt mich irgend etwas zurück. Vielleicht ist es die Angst gewesen. Ich weiß es nicht genau. Ich blicke die Erde an, und ich denke, daß es bei aller Erbärmlichkeit gut ist, zu leben", murmelte sie. Ein heißes Gefühl des Mitleids mit sich selbst steigt in ihr auf. Und wie sie weitergeht, schwappend jeder Schritt auf dem morastigen Grund, kommt sie sich erleichtert vor.

'So bin ich also. Da lebe ich noch', denkt sie. 'Ich wollte mich erhängen. Ach so. Ja. Leben. Wie lange lebe ich schon? Dreißig Winter? Fünfzig Winter? Oder mehr? Mein Herz ist eiskalt, und meine Gedanken sind wie Spreu in Gerste und Roggen. Die Götter haben ihr Wort nicht gehalten – sie existieren, und sie existieren auch nicht. Ich habe keine Götter. Ich bin frei. Und ich lebe noch. Irgendwie. Ja. Ich kann meine Hand ausschütteln, es ist noch Leben in meiner Hand. Wenn ich will, kann ich meinen Kopf nach vorn neigen und wieder zurück, es ist noch Leben darin.'

Und die Alte schüttelt kräftig ihre Hand aus und wirft ihren Kopf hin und her, daß die grauen Haare flattern. Dann ballt sie ihre Finger zur Faust. Ein Gefühl von Haß ist in ihr aufgekommen, hat ihr das Blut in das bleiche Gesicht getrieben. Vor sechs Jahren haben die römischen Soldaten ihren Sohn weggeschleppt. Den Sohn, der den Acker bebauen sollte. Der Wald fing schon an, den Acker aufzufressen, und der Sohn kam nicht zurück. Immer wieder war die Alte den Durchreisenden nachgelaufen, immer wieder hatte sie nach dem Sohn gefragt. Aber es gab so viele Gefangene, und sie bekam keine Antwort.

Der Hof war nun verwaist. Die Römer waren in Germanien verhaßt, seitdem der sanftmütige Herrscher Drusus vom wilden Herrscher Tiberius abgelöst worden war. Freiheitskampf lag in der Luft. Aber was nutzte der Alten die Freiheit, wenn der Sohn doch nicht wiederkam. Noch hatte sie ja gehofft, er käme zurück, weil der Sohn des Stammesfürsten auch noch in Rom war. Dieser römische Günstling. Dieser verräterische Germane in römischen Diensten. Der würde wohl zurückkommen, überhäuft mit goldenen Zeichen. Vielleicht hielt gerade er sich ihren Sohn als Sklaven in Rom. Oder hatten die Römer ihren Sohn als Gladiator verkauft? Lebte ihr Sohn vielleicht im Gefangenenlager zu Ravenna? Oder war er schon im Reich der Schatten? Wer wußte davon?

Eine unsichtbare Hand preßt der Alten das Herz zusammen, läßt sie erneut in tiefe Hoffnungslosigkeit versinken. Die Stille ringsum, diese grau-rot flirrende Stille macht sie plötzlich toll.

„Ecce immanitas!", schreit sie laut und ängstlich.

Das fremde Wort, kaum daß sie es hinausgeschrien hat, gibt ihr neue Kräfte. Die Angst weicht von ihr. Sie wirft den Kopf in den Nacken und blickt sich um, sucht zu ergründen, wer sie gehört haben mag. Da vernimmt sie ihre eigene Stimme: „Was willst du denn? Ist doch niemand da, der dich hören kann."

Neue Verwirrung kommt in ihr auf. Sie denkt an das fremde Wort und versteht nicht, weshalb sie es plötzlich hinausgeschrien hat. Sie erinnert sich dann an den Fremden, an seine scharfblickenden kleinen Augen, vor denen sie sich anfangs etwas gefürchtet hatte.

Die Römer lebten in Germanien in Kastellen. Ab und an kamen sie auf den Hof der Alten, um ihr gegen römische Münzen etwas abzukaufen, auch das Allerletzte, denn Neues kam kaum noch hinzu, seitdem ihr Sohn in Gefangenschaft geraten und ihr Mann im Zweikampf erstochen worden war.

Der feingliedrige dickbäuchige Römer, der eines Tages zu ihr auf Hof gekommen war, hatte ihr aber nichts abkaufen wollen, sondern er hatte ihr eine Bitte vorgetragen, der sie auch nachgekommen war: Sie hatte ihm den Hain gezeigt, den Hain mit den Opfersteinen der Götter und dem Marmorsäulchen des römischen Kaisers Augustus.

Die Alte blickt zum Himmel hinauf. In dem weiten Raum ist der Mond aufgegangen. Noch flimmert kein Stern. Sie spricht nun mit klagendem Tonfall: „Ecce immanitas." Sie weiß nicht, daß es „seht die Grausamkeit" heißt. Aber daß es etwas Trostloses, Verwerfliches ausdrücken soll, weiß sie. Der Fremde, der lesen und schreiben konnte, hatte es gesagt am Opferstein des Gottes Wotan, als er die Blutrinne sah. Und er hatte die Nase gerümpft. 'Unsere Erde ist schwarz vom geronnenen Blut der Menschen und Tiere, die mit durchschnittenen Kehlen auf den Opfersteinen verröchelten', denkt sie. – Die eigene Gottheit, das Marmorsäulchen des Augustus, hatte der Fremde schweigend belächelt.

Ihr kommt es so vor, als sähe sie auch jetzt, in diesem Augenblick, das Lächeln des Fremden, dieses verächtliche, feine Lächeln, das seine schmalen Lippen umspielte, als er vor der Marmorsäule stand.

Die Alte reißt sich den Hanfstrick vom Leib und wirft ihn weit von sich. Sie stiert eine Weile zu einem freien Platz, wo eine Marmorsäule steht. Sie denkt: 'Überall begegnet mir der fremde Gott. Was will er hier? Was wollen alle die Gottheiten hier bei uns? Sie alle betrügen uns nur. Begreift das denn keiner? Diese Marmorsäule des Kaisers Augustus steht aber schief, und das interessiert die Alte plötzlich, ist ihr plötzlich ein Beweis, daß der Priester, der hier bei dem fremden Gott seinen Dienst versieht, diesen Dienst nicht mehr ganz ernst nimmt.

Sie hockt sich auf einen Feldstein nieder, um sich auszuruhen, ihre Füße schmerzen von der Anstrengung des Laufens. Die Nacht ist mondhell, noch sternenlos. Rauhreif hat sich ausgebreitet, grau-weiß und schimmernd wie Silber.

'Die Erde ist schön', denkt die einsame Frau. 'Ich möchte durch die weiten Himmel wandern, um mir einen Gott zu suchen, der mich nicht betrügt. Ich bin frei.'

Aber dann fragt sie sich sogleich: 'Was für einen Sinn hat das alles? Ich meine, daß ich so denke. Gar keinen Sinn hat das. Warum denke ich aber immer wieder daran? Oder denken viele daran? Wer gab uns eigentlich das Recht zu töten? Da habe ich nun meine Schafe geopfert und andere Tiere, und was ist dabei herausgekommen? Nichts. Ich will davon nichts mehr wissen. Wann hört das Töten endlich auf? Das muß aufhören. Tiere und Menschen zu opfern, ist ja Wahnsinn. Wovon sprechen denn die Menschen, wenn sie allein sind? Fühlen nicht schon viele so wie ich?'

Plötzlich hat sie die Ahnung, daß es ein Reich des Friedens, von dem sie träumt, einmal geben muß. Sie starrt zum Himmel hinauf. Und je länger sie den Stern betrachtet, der nun aufgegangen ist, desto ruhiger wird ihr Herz. Etwas unsagbar Feierliches geht von diesem Stern auf sie über, nimmt ganz von ihr Besitz. Die Nacht ist von unsagbarer Zartheit, hat sich schon geneigt, der Morgen graut schon, als die Gewißheit von etwas Tröstlichem, noch nicht Faßbarem, ihre Seele durchzieht.

Es war der Stern, der das Kind verheißen hat. Und es war vielleicht die gleiche Stunde, als die Hirten auf dem Feld ihre Schafe hüteten und der Engel zu ihnen sprach: „Fürchtet euch nicht. Siehe, ich verkündige euch große Freude, die allem Volk widerfahren wird; denn euch ist heute der Heiland geboren ..."

Soma aus Grüttow

Pommernherzog Wartislaw ritt mit seinem Gefolge zur Jagd. Es war um die Osterzeit, an einem schönen Frühlingsmorgen. Der Weg führte von der herzoglichen Burg Demmin landeinwärts auf eine bald grün, bald blau schimmernde Kette niedriger Berge zu, dann dem Flußtal bei Grüttow entgegen. Die schnellen Pferde liefen wie von selbst. Sie schüttelten freudig erregt ihre Mähnen, obwohl sie den Weg gar nicht kannten. Einige Reiter sangen laut.

Soma, der Peenefischer aus Grüttow, stand am Fluß und hängte seine Netze zum Trocknen in die Sonne. Er sah nur das träge dahinfließende Wasser und den Himmel, der wolkenzerissen war. Und er hörte das Pferdegetrappel und den Gesang der Reiter. „Die reiten einher wie fremde Krieger", murmelte Soma, „wagen es, die Stille der Götter zu stören."

Hirsche, die zur Tränke an den Fluß wollten, liefen erschreckt zurück in den Flußwald, als die Pferdehufe erklangen.

Die Reiterschar hatte ihr Ziel erreicht: Die Jagd konnte beginnen. Die Jäger zeigten viel Geschicklichkeit. Sie trieben das Wild aus dem schützenden Flußwald heraus und hetzten es hoch auf die Hügel. Einzeln oder in kleineren Gruppen trieben die Jäger die Tiere vor sich her, um sie mit geübten Bogenschüssen und Speerwürfen zu töten. Wenn das Glück im Jagen und Töten lag, dann genossen es die Jäger hier im Peenetal in vollen Zügen.

Herzog Wartislaw war vom Pferd gestiegen. Der hinter den Pferdehufen aufwirbelnde Sand, die weißen und schwarzen Wolken am blauen Himmel, die Schwalben am Weg, die flink wie abgeschossene Pfeile hin und her flitzten und bisweilen die Pferdeleiber streiften – all das war pulsierendes Leben und Kurzweil. Er aber, der Pommernherzog, wurde plötzlich lustlos. Im Schatten einer alten Eiche legte er sich nieder, ermüdet und nachdenklich zugleich.

'Ein seltsamer Jäger bin ich', dachte Wartislaw, 'es macht mir keine Freude, zu töten und zu schreien. Ich habe die Sache meines Herrn Jesus Christus vorangetrieben vor dem wendischen Adel. Ich bin getauft, und auch die wendischen Häuptlinge haben sich taufen lassen von Bischof Otto, nachdem ich auf Burg Usedom zu ihnen gesprochen hatte. Die alten Götter geben haben sich nicht dafür gerächt. Sie sind ohnmächtig vor Jesus, und bald werden ihre Tempel alle verbrannt oder zerfallen sein.'

Die Reiterschar war weitergezogen. Zwei winzige Vögel mit bunt schillerndem Gefieder hüpften im Gras umher, und ein Raubvogel mit riesigen braun-grauen Schwingen glitt lautlos dem Fluß zu. Herzog Wartislaw schlief ein. Als er im Traum mehrfach mit der Zunge schnalzte, setzte sich sein Reitpferd, das mit losem Zügel am Feld stand, in Bewegung und trabte den Reitern nach.

Soma ging durchs Feld nach Hause. Er trug eine Last Fische und eine Keule. Als er das reiterlose Pferd sah, durchblitzte ihn ein Gedanke: 'Die Götter geben mir ein Zeichen. Das ist kein gewöhnliches Pferd.' Und Soma spürte eine eisige Kälte im Leib trotz der wärmenden Sonnenstrahlen, und seine Knie begannen zu zittern. „Die Götter haben durch diese Erscheinung zu mir gesprochen", murmelte er.

Als Soma den Pommernherzog Wartislaw im Jagdrock schlafend erblickte, wurde ihm einen Augenblick lang schwarz vor Augen. Er ließ den Beutel mit Fischen von der Schulter gleiten und starrte ihn an, um zu sehen, ob sich nicht die Erde auftat, den Christen zu verschlingen. Dann umklammerte er mit beiden Händen fest die Keule. Ruhig hob und senkte sich die Brust des schlafenden Herzogs. Wo war die rächende Hand der Götter? Mit fast unnatürlicher Anspannung beobachtete Soma den schlafenden Christen. Widerlich fremd und unnatürlich erschien ihm das friedlich schlafende Antlitz. Und mit haßerfüllter Stimme zischelte er: „Verräter. Er wagt es, hier, nahe der geweihten Opferstätte der Götter, zu schlafen. Er verhöhnt die Gottheiten damit. Zwietracht hat er in das stille Land an der Peene gebracht, als er den neuen Glauben annahm. Wer den Verräter erschlägt, wird reich belohnt von den Göttern."

Das Gesicht Somas verzerrte sich zur Fratze, als er mit geübter Hand die Keule, mit der er sonst die großen Peenefische erschlug, auf das Haupt des Pommernherzogs niedersausen ließ. Ein dumpfer Aufschrei verriet ihm, daß er gut getroffen hatte. Und er schlug noch einmal zu und noch einmal. Aber da erhob sich der blutüberströmte Herzog unvermutet und tastete kühn nach seinem Gegner. Er bekam ihn am Kinn, das haßerfüllt vorgestreckt war, zu fassen, bohrte ihm seine Daumen mit ganzer Kraft in den vor Haß offenen Mund und riß ihm krachend den Unterkiefer vom Schädel.

Der rasende Schmerz hatte Soma aus Grüttow in viele schwarze Abgründe versinken lassen. Als er wieder erwachte, war sein Gesicht in einen feurigen Ball verwandelt, der seinen Körper hilflos hin und her schüttelte. Beide Wangen hatten ihm die Fäuste des Pommernherzogs herausgerissen.

Durch einen Schleier von Blut blickte Herzog Wartislaw in das zerissene Gesicht des Fischers. Dieser Mensch, der mit seiner Keule die großen Peenefische erschlug, hatte es gewagt, ihn, seinen Landesherrn, mit dieser Fischkeule zu verletzen.

Soma gurgelte: „Wir sterben beide. Die Götter fordern es."

Zwei Blutströme vereinigten sich rasch zu einem Strom. Zwei Körper wurden frostklamm, und auch die Erde wurde kalt, auf der sie miteinander gerungen hatten. Soma der Fischer und Wartislaw der Pommernherzog kämpften den letzten Kampf.

„Warum?" gurgelte Soma.

Er wollte den Herzog an den Opferstein erinnern, auf dem er, der Fischer, jahrein und jahraus treulich den alten Göttern geopfert hatte. Aber er konnte nicht mehr sprechen.

„Warum?" stöhnte Wartislaw.

Aber auch er konnte nichts mehr sagen. Ein Tor tat sich vor ihm auf, und eine Stimme sagte leise: „Komm. Hier wirst du die Antwort finden."

Und jemand streckte ihm die Hände sanft entgegen.

Soma heulte auf, als er die Stimme vernommen hatte. Weshalb tat sich das Tor vor ihm nicht auf? Wo waren seine Götter, für die er die Tat begangen hatte? „Ich tat es", gurgelte Soma. Er rutschte in einer Blutlache bis an den Eichenstamm und schlug daran, bis eine winzige Staubwolke aufstieg.

Nach einer Weile hob Soma den Kopf und sah den toten Wartislaw an. Er konnte jetzt die Augen des Toten ganz deutlich erkennen, die weit aufgerissen waren und ihn nicht unfreundlich ansahen. In diesen Augen las er: 'Ich bin schon angekommen.'

Soma wand sich wie ein Wurm vor Schmerz und Reue. „Der Mörder ist Soma, der Fischer aus Grüttow", hörte er jemanden laut und hart sagen, der plötzlich neben ihm stand. Andere Stimmen kamen näher. Jemand trug Wartislaw auf den Armen hinweg. Soma wollte sich erheben und rechtfertigen, aber es gelang ihm nicht. Sein Kopf fiel schwer zurück. 'Warum tragt ihr ihn weg', dachte Soma, 'wo er mir doch jetzt so nahe ist.' Dann war Soma allein. 'Wartislaw!' schrie er.

Soma lag allein auf der eisig-kalten Erde zwischen vielen Steinen. Wo waren die vielen Steine hergekommen? Waren sie vom Himmel gefallen, um all die Blutströme zu bedecken? – Das Blut des Herzogs, sein eigenes Blut und das Blut, das viele Blut der geopferten Menschen und Tiere vom nahen Opferstein. Und dann tat sich ein Tor vor Soma auf ...

War es das gleiche Tor, das sich vor Wartislaw, dem Christen, aufgetan hatte? Würde Soma einst hinter jenem Tor von der gleichen sanften Hand umfangen werden wie Wartislaw? Würde die gleiche Stimme auch zu ihm einst sagen „Komm"? Oder war er für alle Ewigkeiten ein Verworfener?

Somas Leichnam wurde verbrannt und die Asche zwischen die Steine gestreut. Wir kennen seinen wahren Namen nicht, wissen nicht, ob er vielleicht Swantibor oder Mirzlaff hieß. Der Pommernherzog Wartislaw aber lebt unter dem Namen „der Bekenner" im Gedächtnis der Menschen fort. Ihm zu Ehren wurde das erste Kloster Pommerns gegründet. Und der Hauptaltar der Wartislawkirche wurde über dem alten heidnischen Opferstein errichtet.

Insel mit Leuchtfeuer

Auf dem Meer wird es heute nacht nicht ganz dunkel, silbern leuchtet, glitzert das Wasser. Nur ein Hauch, nur ein Schein von Licht ist da, eben noch, daß man sieht. Und darüber ist der riesige, hohe Himmel, ganz ohne Sterne und mit gewaltigen Wolken, durch die ab und zu der Mond gleitet. Und Feuer ist da, Leuchtfeuer, – dann nichts, wieder Feuer, und wieder nichts …

So erlebe ich die Insel, Schreckgespenst des Krieges: „Insel ohne Leuchtfeuer", Insel ohne Licht – damals. Jetzt birgt sie neues Leben, und Leuchtfeuer sehe ich am Horizont, Insel du bist ein glückliches Eiland. Ich höre das gewaltige Spiel der Wellen unten am Strand, mein Zimmer befindet sich beinahe über dem Meer, das Haus steht hinter der Düne. Ich sehe aus dem Fenster, die gewaltigen Baumwipfel unter mir scheinen fast schwarz, der Strand ist selbst in dieser Nacht noch von zarter Helle, aber nicht so wie die weißen Schaumkämme der Wellen, sie leuchten.Ich blicke landwärts.

Irgendwo steht das Haus, in dem Gorki in einem Jahr, einen Sommer lang, wohnte.

Gorki, Alexei Maximowitsch Peschkow, ich liebe ihn in seinem Werk, in den wundervollen Erzählungen, in seine Romanen. – Ich habe ihn nicht gekannt. Als ich ihn gelesen habe, mußte ich ihn lieben, diesen Großen, Menschlichen, Bitteren, Heiteren, Fragenden, diesen Wahrheitssucher.

Es rauscht, braust, donnert, da unten, das Meer – laute, gewaltige Melodie, wer kann dabei schlafen? Ich kann es nicht.Ich sitze am offenen Fenster und träume mit wachen Augen: Ich schreite neben Gorki am Strand dort unten in dieser Nacht, und er fragt:

'Was ist bei euch neu?
Was ist mit diesem Land?
Seid ihr zufrieden?
Sind die Menschen glücklich?'
Und das Meer donnert zu jedem seiner Worte.

Ich kann sein Gesicht nicht erkennen, nur das Meer ist hell, zart wie ein Hauch, und drüben ist das Licht, immer und immer wieder das Licht, das Feuer – Insel mit Leuchtfeuer.

'Immer noch habt ihr Frieden?' fragt er.

„Immer noch" , sage ich.

'Dann – hat sich alles gelohnt – bei euch' , sagt er.

'Ich liebe meine Heimat, mein weites Land, mein russisches', fährt Gorki leise fort, ganz ohne Pathos.

„Ich liebe meine Heimat", sage ich laut, „ich würde sie niemals verlassen.

Und in dieser Nacht bin ich wach, aber ich fühle mich nicht allein, und ich liebe die Menschen, die jetzt schlafen, und ich liebe die Menschen, die auf Wacht stehen, jetzt, mitten in der Nacht."

'Ich bin tot, ich liege in russischer Erde, und ich liege nicht in russischer Erde, die Urne mit meiner Asche wurde in die Kreml-Mauer eingelassen' , sagt Gorki.

„Aber – ich sehe dich, deinen Leib, du gehst neben mir, ich höre deine Stimme" , sage ich. Und – jetzt erkenne ich auch Gorkis Gesicht – ganz deutlich sehe ich seinen Mund, wie er spricht, murmelnd, höre Worte, aber, seine Augen sind erloschen – tot.

Ja, wie entsetzlich, Gorkis Augen mit dem Feuer, mit dem Brennen, mit der Gier nach Wahrheit, sind nicht mehr. Aber sein Geist lebt in uns fort. Und Gorki fragt: 'Was ist ein Mensch?' Und er fährt fort: 'Wie groß und stolz das klingt, ein Mensch!' Und er fragt:

'Wie schützt ihr das Wort "ein Mensch"?
Was ist bei euch ein Mensch?'

„Der Mittelpunkt", sage ich, „der Mittelpunkt der Welt, unserer Welt". Weit zeige ich über das Meer. „Dort, hinten, sieh doch, Alexei Maximowitsch, sieh dort ganz hinten auf dem Wasser, die Punkte sind Lichter von Schiffen, von Booten. Sie schützen das Wort 'ein Mensch'. Sie sind Hüter, da, mitten in der Nacht, die Arbeiter, die Matrosen, Menschen. – Woher kommst du, und wohin gehst du, Alexei? Diese Frage, uralte Frage aller Kreatur, beantworte sie mir, jetzt, in dieser Nacht, du hast gesucht, und gesucht haben deine Menschen in deinen Büchern."

Gorki sieht mich mit den toten Augen an und sieht mich auch nicht an, und sein Gesicht ist staunend, die Mundwinkel herabgezogen, wirkt es zugleich zynisch. Und die Nacht ist um uns, und er antwortet nicht – fragt endlich:

'Was meinst du, an welche Bücher denkst du?'

Ich spreche aus seinem „Matwey Koshemjakin" das Gebet des Matwey:

„O Gott, Allerbarmer! Verlängere meine Tage, damit ich das Werk meiner Liebe und meines Gewissens vollende!"

Koshemjakin betet, „als er unmerklich auf einen ihm unbekannten Weg stößt, der, wie er sieht, unvergleichlich besser ist, als jener, auf den er aus geistiger und körperlicher Trägheit, weil alle ihn wandeln, an das Ziel des Todes gelangt ist. Es ist ihm, als stehe er mitten in einer Ebene, am Fuß eines hohen Berges, vom Gipfel dieses Berges, den dunkles Gewölk bedeckt, ist er leise und unbewußt niedergeglitten – und nun liegt sein Weg hinter ihm, und er schaut in Gedanken wohl zum zehnten Mal auf ihn zurück."

Gorki hört mir nicht zu, scheinbar – er ist mit seinen Gedanken weitergeeilt. Er zitiert: „Der Mensch ward von Gott auf diese Erde gesandt, um sie durch Freuden zu verschönern. Aber wozu haben wir gelebt, wo sind unsere Taten, würdig des Lebens der Menschen und eines dankbaren Lächeln Gottes?...

Auch Gott den Herrn selbst haben wir belogen, um unsere Trägheit damit zu bemänteln und die feige Abneigung, unsere Herzen hinzugeben der Welt zur Freude. Absichtlich haben wir Gott schwarz und finster gemalt, wir haben Gott verzerrt, um uns beklagen zu können über ihn.Tief ergriffen von der Schönheit der Geburt des neuen Tages bekreuzigte sich Koshemjakin und sprach die Worte des Gebetes der Beichte:

'Ich danke Dir, Herr mein Gott, daß Du mich Sünder nicht verworfen hast, teilzuhaben an Deinen heiligen Gaben.'"

Und ich dachte: 'Aljoscha, Aljoscha, du hast unter den vagabundierenden Barfüßern, Dirnen und Spitzbuben gelebt, und du wolltest an der Kasaner Universität studieren, und du studiertest stattdessen das Leben.' Und ich wußte, daß Gorkis Buch „Meine Universitäten" 1922 in den Kurorten Sankt Blasien und Heringsdorf innerhalb weniger Monate entstanden war.

Wir waren langsam weitergegangen, Gorki schwieg, – lange, plötzlich blieb er stehen, fragte hastig: 'Wie gefällt dir die Geschichte der Familie Artamonow?'

Ich kannte das Buch „Die Artamonows", es ist die Geschichte über den Aufstieg der Familie aus der Leibeigenschaft zur Macht von Fabrikbesitzern und von ihrem Niedergang. Ich sagte: „Ein gutes Buch, es gefällt mir, interessant ist die Figur des Arbeiters Tichon Wjalow."

Als die Revolution im Februar 1917 beginnt, spricht Tichon zu dem sterbenden Pjotr Artamonow:

„Ich sagte, alle kommen ins Zuchthaus, und so ist es auch gekommen, alle sind wie Staub mit einem Lappen weggewischt worden, wie Hobelspäne weggefegt. So ist es, Pjotr Iljitsch. Jawohl. Der Teufel hat gehobelt, und du hast mitgeholfen. Und wozu das alles? Man hat gesündigt und gesündigt, die Sünden sind ohne Zahl!

Ich habe immer zugeschaut und habe mich gewundert! Wann kommt das Ende? Jetzt ist euer Ende angebrochen. Nun lastet die Vergeltung schwer wie Blei auf euch ... Der Reisewagen hat ein Rad verloren ..."

Tichon spricht immer weiter: „Ihr Artamonows habt auch mir meinen Glauben genommen. Nikita Iljitsch hat mich euretwegen vom Wege abgebracht und mich gottlos gemacht ... Ihr kennt weder Gott noch Teufel. Es ist nur Trug, daß Heiligenbilder in eurem Hause hängen. – Was habt ihr aber statt dessen? Daraus kann man nicht klug werden! Etwas scheint doch da zu sein. Ihr seid Betrüger. Ihr habt vom Betrug gelebt. Jetzt ist alles zu sehen: man hat euch entblößt, entkleidet ..."

Gorki flüsterte jetzt, zitierte weiter den Tichon: „Ich sage, ihr habt mir den Glauben genommen, ich weiß jetzt gar nicht, wie ich sterben soll. Ich habe mich in euch vergafft, ihr Teufel..."

Gorki warf beide Arme ruckartig hoch. So stand er, und er starrte auf das Meer, um uns war die Nacht, und er sprach den Pjotr Artamonow, und es war kein Buch mehr, alle Personen waren um uns, und ich sah Pjotr Artamonow, und er lebte, und er antwortete dem Arbeiter Tichon: „Was willst du? Bist du mein Gewissen, mein Richter? Warum hast du über dreißig Jahre geschwiegen?" Und Tichon sagt: „Ich habe eben geschwiegen. Das bedeutet, daß ich nachgedacht habe!"

Gorki wirkt leer, er schweigt lange – und das Meer ist silbern, und ein heller Schein ist da, zart, und Gorki spricht leise: 'Hier ist es schön, am Morgen machte ich einen Spaziergang durch die Wiesen, hier im Ort sagen sie wohl Wiesenberge, und am Abend, als die Dunkelheit herabfiel, war ich am Meer. Ende Mai kam ich hierher nach Heringsdorf, und ich blieb bis Ende

September und fuhr dann weiter nach Bad Saarow.' Er denkt nach. 'Weißt du', sagt er, 'ich kannte Menschen, die suchten die Wahrheit, einige davon fanden sie – andere sind umgekommen. – Weißt du, daß mir „Der Spitzel" gelungen ist?'

„Ja, ausgezeichnet", sage ich, und ich denke an die Tragik des Jewsej, und ich höre den Dialog von Maklakow und Jewsej:

„'Glauben Sie an Gott?'

Jewsej dachte einen Augenblick nach und sagte dann, als wolle er sich entschuldigen: 'Ja, ich glaube an ihn! Nur täte ich´s nicht um Gottes, sondern um meinetwillen. Was bin ich schon vor Gott ...'"

Diesen Roman schrieb Gorki 1907 auf der Insel Capri nach Aufzeichnungen eines Menschen, der in der russischen Geheimpolizei, in der Ochrana, tätig war. Das Buch wurde verboten, erst nach 1917 konnte es ungekürzt in Rußland erscheinen.

„Wie bunt und vielfältig war dein Leben, Alexei Maximowitsch, du warst steckbrieflich verfolgt, und heute, oder war es schon gestern, war ich in dem eleganten Appartement, in dem Haus hier im Kurort. Ich durchschritt die großen eleganten Räume, in denen du wohntest, damals, diese Räume, mit den Teppichen, mit den orientalischen Altertümern, das war deine Wohnung. Diese vornehme Gediegenheit war nicht die Umgebung von Barfüßlern, die du aber so genau kanntest, weil du unter ihnen gelebt hattest." Gorki schrieb über sie: „Die Barfüßler waren für mich 'ungewöhnliche Menschen', ungewöhnlich war an ihnen, daß sie 'deklassierte' Menschen waren, die sich von ihrer Klasse gelöst hatten und von dieser ausgestoßen worden waren, die charakteristischsten Züge ihres Klassencharakters verloren hatten. Einmütig nebeneinander, unter der 'goldenen Kumpanei', lebten in Nishnij, in der 'Millionka', ehemals wohlhabende Kleinbürger und mein Vetter Alexander Kaschirin, ein demütiger Träumer, der italienische Kunstmaler Tontini, der Gymnasiallehrer Gladkow und der Baron B., ein stellvertretender Revieraufseher, der lange wegen Diebstahls im Gefängnis gesessen hatte, und der berühmte Dieb 'Nikolka der General', dessen wirklicher Name van der Fliet war. In der Kasaner 'Glashütte' lebten etwa zwanzig ebensolcher bunt zusammengewürfelter Leute. Der 'Student' Radlow oder Radunow; ein alter Lumpensammler, der zehn Jahre Zwangsarbeit verbüßt hatte; Waska Gratschik, der ehemalige Lakai des Gouverneurs Andrijewskij; der Maschinist Rodsijewitsch, ein Popensohn aus Belorußland; der Tierarzt Dawydow. Die meisten dieser Leute waren krank und dem Alkohol verfallen, konnten ohne Prügeleien nicht leben, und trotzdem war das Gefühl kameradschaftlicher Hilfe bei ihnen stark ausgeprägt. Alles, was sie verdienten oder stahlen, wurde gemeinsam vertrunken oder verzehrt."

Wie „Der Spitzel" erschien auch „Die Mutter" nach 1917 in Rußland. Dieser Roman hat Gorki ein Gerichtsverfahren und eine steckbriefliche Verfolgung eingebracht, nachdem das Buch zuerst in New York, dann in Berlin erschienen war.

Wieder begann Gorki zu sprechen, seine Stimme war bitter und gütig zugleich, und ich war neben ihm in dieser Nacht, und ich dachte an ihn voller Bewunderung in dieser Nacht.

Einmaliger, Herrlicher, dachte ich, und ich lauschte seiner Stimme:

'Die Geschichte der Pelagea Nilowna beginnt, als Michail Wlassow, der versoffene Schlosser, ihr Ehemann, stirbt. Ich erzähle, wie diese Frau voller Liebe ist zu ihrem Sohn Pawel, dieser Sohn ist Sozialist, sie befreit sich von ihrer Unwissenheit und Furcht.'

Gorki läßt die Mutter sagen:

„Was Gott anbelangt, solltet ihr etwas vorsichtiger sein! Tut, was ihr wollt."

Und ihr Sohn Pawel antwortet ihr: „Ich habe nicht von dem guten und gnädigen Gott gesprochen, an den Sie glauben, sondern von dem, mit dem die Popen uns wie mit einem Stock drohen ...von dem Gott, in dessen Namen man alle Menschen zwingen will, sich dem bösen Willen einiger weniger zu unterwerfen."

Gorki sprach und sprach immer weiter, und ich sah seine Gestalten um mich, das Meer war wie eine große Bühne, die Mutter lebte, kämpfte, liebte bis zum bitteren Schluß: „'Man kann die Vernunft nicht in Blut ersticken!'

Man stieß ihr gegen den Hals, den Rücken, man schlug sie auf die Schulter, an den Kopf. Alles drehte sich im Kreise, wirbelte in Geschrei, Geheul und Pfeifen durcheinander.

'Ihr häuft nur Wut auf, ihr Wahnsinnigen! Auf euch fällt sie zurück!'

Der Gendarm packte sie am Halse und würgte sie. Sie röchelte.

'Ihr Unglücklichen...'

Jemand antwortete ihr mit lautem Schluchzen."

Gorki schweigt eine Weile. Dann höre ich voller Grauen seinem „Foma Gordejew" zu:

„Ich bin ohnehin verloren, ich weiß. Nicht durch eure Stärke, sondern durch die eigene Schwäche – ja!

Ihr seid auch bloß Gewürm vor Gott!

Wartet nur ab!

Verrecken werdet ihr!

Ich geh' zugrunde an meiner Blindheit.

Ich hab' zu viel gesehen und bin blind geworden, wie die Eule. Ich weiß noch, als Junge hab' ich mal in der Schlucht eine Eule aufgescheucht. Sie stob auf und prallte irgendwo gegen, von der Sonne geblendet. Halbtot verkroch sie sich. Vater sagte damals: 'Grad so ist's mit den Menschen: Mancher jagt drauflos, jagt sich zuschanden, quält sich und kriecht irgendwo unter, bloß um ein bißchen Ruhe zu haben!'

Ach, macht mir doch die Hände los!"

Gorki spricht weiter, immer weiter, als er endlich schweigt, sage ich: „Alexei, dieses Ende ist grauenvoll, und wie entsetzlich gestaltest du auch das Ende des 'Klim Samgin' . Weshalb so?"

Klim Samgin, der Intellektuelle und Anpassungsfähige stirbt folgendermaßen:

„Blut rann unter der Mütze hervor und noch von irgendwo, zu seinen Füßen wuchs eine Blutlache, und es sah aus, als schmölze er.

Die Frau beugte sich nieder und versuchte, ihm mit dem Finger die Augen zu schließen, aber das gelang ihr nicht, da nahm sie ein Brettchen von einem zertrümmerten Munitionskasten und legte es ihm auf die Wange."

'Ein ungeheures Werk' , sagte Gorki düster, 'ich bin nicht fertig geworden, das ist der Schluß des geplanten fünften Buches, das Werk blieb unvollendet, ich konnte nicht weiterschreiben, ich war verhindert, der Tod kam zu mir, ein mächtiger Gast, ich wurde ihn nicht wieder los, er bezog Quartier und nahm mich mit.'

Ich schwieg betroffen, ich konnte nichts mehr fragen, dabei wollte ich doch noch mit ihm sprechen - über vieles – über den „Sommer", über „Drei Menschen", „Nachtasyl" und die anderen Stücke, über die vielen herrlichen Erzählungen... „Alexei", fragte ich leise, „hast du Gott gefunden?"

Die Frage blieb, und das Meer blieb und die Nacht und das Feuer da drüben am Horizont, das Leuchtfeuer. Gorki war nicht mehr da.

Er war fortgegangen, einfach fortgegangen.

Wohin?

Wie ein eisiger Hauch streifte mich etwas, das war neben mir – die Leere.

Ich erhob mich, lange stand ich am Fenster.

Mein Freund der Schäferhund

Vor seiner Hütte lag der große Schäferhund, die Nase dicht am Boden, leise winselnd. Die Kette an seinem Hals war so schwer, und sein Hunger war so groß, daß er sich nicht mehr erheben mochte.

Er blinzelte das elf Jahre alte Mädchen an, das zu ihm gekommen war. „Armer Dux, haben sie dich wieder vergessen? Heute abend, wenn es dunkel wird, befreie ich dich von der Eisenkette. Und dein Futter soll dir der Gärtner jetzt gleich bringen. Warte nur, ich spreche mit dem Gärtner."

Das alles sagte Isabel mit leiser Stimme, und sie dachte: 'Dux ist mein Freund. Aber das ist ein Geheimnis. Es geht niemanden etwas an, bis auf den Gärtner, denn den muß ich ja doch immer wieder daran erinnern, daß er Dux zu versorgen hat.' Der Schäferhund schob seine große Pfote in Isabells zupackende Hand. Dabei hob er den Kopf. Seine bernsteinfarbenen Augen blickten so traurig, daß Isabell mitleidig ausrief: „Armer Duxi!" Und sie umarmte ihn fest.

„Warte, jetzt gehe ich. Es dauert nicht mehr lange, dann bekommst du dein Futter." Sie lief eilig zur Gärtnerei. Der Gärtner saß in seinem Aufenthaltsraum. Er trank Kaffee und las die Tageszeitung. Er ließ sich Zeit dabei, denn sein Dienst war so gut wie zu Ende. Isabel wußte über die nachmittäglichen Gepflogenheiten des Gärtners schon Bescheid. Sie wartete in der offenen Tür. Als er die Zeitung aus der Hand legte, sagte sie: „Dux hat Hunger. Er hat schon wieder nichts zu fressen gekriegt. Weshalb denn nicht?

Wir essen doch auch jeden Tag. Und er hat nichts zu trinken gekriegt. Seine Wasserschüssel ist total verdreckt. Und er hängt noch immer an der schweren Kette. Dux sollte endlich einen Zwinger haben. Draht ist vorhanden; ich habe die Drahtrollen, die hinten am Geräteschuppen liegen, gezählt."

Der Gärtner kratzte sich eine ganze Weile mit einem Pflanzstock, den er aus seiner blauen Arbeitshose zog, hinter dem linken Ohr. Dann drehte er sich nach ihr um. Als ihn Isabels vorwurfsvoller Blick erreichte, fragte er rauh: „Bin ich etwa schuld, daß der Wachhund angeschafft wurde? Was willst du andauernd von mir? Dux gehört allen. Dux ist volkseigen. Er soll nicht nur die Klinikgärtnerei bewachen, sondern auch den Nachtwächter des Krankenhausgeländes begleiten, wenn der seine Runden macht.

Wende dich an den Nachtwächter, oder sag deinem Vater Bescheid, der ist doch im Krankenhaus Stationsarzt. Und im übrigen tätest du besser, bei deinen Schulbüchern zu hocken. Und jetzt mach die Tür zu, es zieht herein wie Hecht und Karpfen." Isabels Stimme wurde nun dunkel vor Empörung und schwer von Tränen. Sie sagte: „Gärtnerei hin, Krankenhaus her. Dux muß etwas zu fressen haben. Er muß, er muß, er muß!" Die Tür der Baracke fiel hinter ihr zu.

Der Abend kam und damit auch die Stunde, in welcher Isabel zu Dux ging. Isabels Mutter hatte plötzlich den Verdacht, daß Isabel große Sorgen habe, die sie ihr verheimlichte. Sie fragte aber nicht danach. Sie schwieg. Und heimlich folgte sie ihrer Tochter, als diese das Haus verlassen hatte. „Ich muß wissen, was Isabel treibt" , murmelte sie. Es bereitete ihr sogar ein merkwürdiges Vergnügen, wenn auch gemischt mit etwas Traurigkeit, in die unzugänglichsten Winkel von Isabels Seele einzudringen.

Ihr war so, als hätte sie ihre Tochter bisher noch gar nicht gekannt.

Sie entdeckte ihre kleine Tochter ganz neu: Isabel kauerte nämlich unter einer Hoflampe, die an der Rückwand des Schuppens baumelte.

Den großen Kopf eines Hundes auf den Knien, bemühte sich das Mädchen, eine Kette vom Hals des Hundes zu entfernen. Endlich war es geschafft, und Isabel und der Hund verschwanden in der Dunkelheit. Die Frau murmelte: „Jetzt begreife ich alles. Ach du meine Güte, was hat sie da abends alles zusammengeschwatzt. Immer neue Ausreden hat sie erfunden. Dabei wollte sie immer nur hierher zu dem Wachhund. Nein, so etwas."

Auf dem Heimweg beschäftigte sie sich intensiv mit ihrer Tochter und dem großen Schäferhund Dux, der so plötzlich einen Platz in ihrem Denken beanspruchte. Schon am nächsten Tag erkundigte sie sich nach dem Hund, und dann schritt sie zur Tat. Sie lud den Gärtner ein zum Mittagessen und den Nachtwächter des Krankenhauses zum Frühstück. Und das wiederholte sie. An drei Sonntagen wurden drei Beschlüsse gefaßt.

Erster Beschluß: Der Gärtner und Isabels Vater bauen gemeinsam für Dux einen geräumigen Zwinger.

Zweiter Beschluß: Der Nachtwächter des Krankenhauses baut eine geräumige Hütte.

Dritter Beschluß: Isabels Mutter übernimmt die Futterbeschaffung und Pflege des Hundes, wenn der Gärtner und der Nachtwächter Urlaub oder Freischicht haben.

Etliche Wochen vergingen – vielleicht vier oder fünf, genau wußte Isabel es nicht mehr – da hatte Dux einen geräumigen Zwinger und eine große Hütte. Tag für Tag geht Isabel mit Dux eine Stunde lang oder, wenn sehr viele Schulaufgaben zu erledigen sind, auch etwas weniger spazieren.

Im Konfirmandenunterricht sprach der Pastor eines Tages über die Schöpfung. Er sagte: „Wir müssen Gott lieben und seine Schöpfung gerecht und liebevoll verwalten." Da meldete sich Isabel zu Wort: „Wir müssen auch etwas Praktisches tun, Herr Pfarrer. Wir dürfen nicht einfach tatenlos zusehen, wenn etwas nicht in Ordnung ist, zum Beispiel ein Haustier vernachlässigt wird." Und zu Dux sprach sie an diesem Abend: „Mein Freund, nun bin ich genauso glücklich wie du. Meine Eltern und der Gärtner und der alte Nachtwächter sind schwer in Ordnung, was?"

Die Sonne war noch am Himmel, als Isabel mit dem Hund in die Felder hinausschritt. Möwen flogen in der Ferne auf. Unter dem dunkelblauen Abendhimmel sahen sie aus wie kleine weiße Segel auf dem nahen Meer.

Anka

1

Der Untermieter trat an den Schreibtisch. Er hatte einen etwa fünfhundert Gramm schweren Hammer in der Hand. Er schwang ihn, sich selbst genießend und bewundernd, und ließ ihn zielsicher auf die linke Seite des Hinterkopfes des Hauptmannes der Volkspolizei niedersausen.

Der Hauptmann war wie immer beschäftigt gewesen. Er neigte nun sein Gesicht schreibtischwärts, einen gellenden Schrei ausstoßend. Nach einer Minute richtete er sich wieder auf. Der Schmerz der Schädelwunde, aus der das Blut hervorquoll, klebrig in dem graumelierten Kopfhaar versickernd, ließ ihn winseln. Seine Finger umkrallten immer noch den Bleistift. Er versuchte, sich nach dem Täter umzudrehen, doch da versetzte ihm dieser einen zweiten Hieb, diesmal knapp oberhalb der Stirn. Das Blut der zweiten Wunde floß wie ein munteres Bächlein über die linke Halsseite und linke Schulter bis auf die Schreibtischplatte, das Protokoll einfärbend. Der Bleistift, nun der Hand des Hauptmannes entsunken, schwamm lustig auf dem roten Fluß. Sein linker Arm pendelte kraftlos neben dem linken vorderen Stuhlbein hin und her. Die rechte Schädelhälfte war unverletzt, vielleicht hörte deshalb das Denken noch nicht auf, und die Schmerzempfindung steigerte sich ins Maßlose. Das Winseln wurde durch lautes Röcheln abgelöst.

Der Täter ließ für eine Weile den Hammer sinken und beugte sich über das Gesicht des Opfers. Die rechte Gesichtshälfte war neben dem Bleistift in dem roten Fluß verschwunden. Plötzlich war es still geworden. Während der Täter beobachtete, war das rasselnde Stöhnen in eine leise schluchzende Schnappatmung übergegangen.

Aber diese Atmung hörte nicht auf. Und aus dem Mund des Hauptmannes quollen immer weiter winzige Speichelbläschen. Der Täter verharrte reglos in gebeugter Haltung. Mit einem derartig großen Aufwand hatte er nicht gerechnet. Er schnellte entschlossen empor und riß sich den Pullover vom Leib, warf ihn über einen Sessel. Dabei fiel sein Blick durch das vergitterte Fenster. Durch das Gitter hindurch sah er Volkspolizisten mit Essenkübeln in einen geschlossenen Lieferwagen einsteigen. Essenkübel und Lieferwagen waren dunkelgrün. Es war um die Mittagsstunde. Die Tat des Untermieters sollte längst beendet sein. Es war für ihn kein Augenblick Zeit mehr zu verlieren. Er schlug wieder zu. Es schien, als würden seine Schläge langsam kraftlos, lustloser. Doch sobald der Hammer niedergesaust war, wurde er erneut erhoben, wenn auch immer langsamer, und nach genau siebenundvierzig Schlägen atmete der Hauptmann der Kriminalpolizei nicht mehr.

Der Hauptmann glitt vom Stuhl, schlug krachend auf den Boden auf und lag wie ein Gekreuzigter vor seinem Schreibtisch, die Arme weit ausgebreitet. Die blutbesudelte Schreibunterlage aus grünem Kunststoff hatte sein rechter Arm samt Papieren, Schreibutensilien und einer kleinen Vase mit Rotdornzweigen mit sich in die Tiefe gerissen. Der Kopf des Hauptmanns ruhte nun zwischen vertrockneten Rotdornzweigen und blutig-rotem Papier. Die kleine Vase war heil geblieben.

Der Täter legte den fünfhundert Gramm schweren Hammer neben den Hauptmann, zog sich seinen Pullover wieder an, ergriff seine Werkzeugtasche und verließ das Zimmer. Zwei Männer in Zivil begegneten ihm im Treppenhaus. Er blickte ihnen aufmerksam ins Gesicht und begann zu pfeifen. Am Tor grüßte er den Wachposten mit einem freundlichen Kopfnicken. Man hatte ihn, den unauffälligen Bürger mit der kleinen

Werkzeugtasche, passieren lassen. Seinen Personalausweis hatte er vor zwanzig Minuten hier vorgezeigt.

2

Im Schlafzimmer war es dunkel. Der Hauptmann öffnete langsam und vorsichtig die Augen und seufzte tief auf. Er hatte nur geträumt. Aber plötzlich durchzuckte ihn der Gedanke: Ungeheuerliches mußte die Schäferhündin des Fuhrmannes durchgemacht haben, bis sie tot war. Der Hauptmann nahm sich vor, nun doch der Sache nachzugehen, und erhob sich. Als er sich rasierte, blickte ihm sein eigenes Gesicht starr und totenbleich entgegen.

3

Was ist ein Hund? Der Hauptmann der Deutschen Volkspolizei stammte aus kleinbäuerlichen Verhältnissen. Zu Hause hatten sie immer einen Hofhund gehabt. Als er aber als Junge mal einen zweiten Hund, einen kleinen Spitz, mit nach Hause brachte, hatte sein Vater gesagt: „Wi hemm selbst nix to fretten. Bring em wedder torück." Und weinend hatte er den kleinen Hund zurückgebracht. Seine Frau wollte keine Tiere in der Wohnung halten. Und im Dienst hatte er ohnehin ständig die vielen Käfige mit den Diensthunden vor Augen. Den alten Kindertraum vom eigenen Hund hatte er begraben.

Kurz, den Hauptmann interessierten Hunde außerhalb der Dienstzeit nicht.

Aber da war eines Tages eine Mitarbeiterin des Aktivs für Tierschutz und Tierhygiene vom Rat der Stadt bei ihm erschienen und hatte eine Anzeige gemacht, daß mit einem fünfhundert Gramm schweren Hammer eine Schäferhündin in einer Wohnung erschlagen worden sei.

Die Mitarbeiterin vom Tierschutz hatte sehr wortreich und sehr gefühlsbetont gesprochen. Das hatte ihn ermüdet und auch etwas abgestoßen, und mit wenigen "W-Fragen" versuchte er, sich über das Geschehen Klarheit zu verschaffen. Wer ist der Täter? Ein Kraftfahrzeugschlosser, der bei seiner Verlobten in einem Mietsblock zur Untermiete wohnt.

Wann war die Tat geschehen? Ostern, als alle Bewohner des Mietblocks in Ruhe und Frieden ihr Mittagessen zu sich nehmen wollten.

Wo war die Handlung erfolgt? In der Küche der Verlobten des Täters.

Weshalb? Wahrscheinlich aus Eifersucht, Mißlaune und Katerstimmung nach reichlichem Alkoholgenuß.

Unter welchen Umständen war die Schäferhündin in die Wohnung der Verlobten des Täters gelangt? Bei einem Fuhrmann hatte das Tier halb verhungert an einer schweren Eisenkette gehangen. Um die Weihnachtszeit hatte sich die Verlobte des Täters erbarmt und das Tier mitten aus dem hohen Schnee mit in ihre Wohnung genommen. Zunächst hatte der Untermieter die Tat der Verlobten gebilligt, aber Ostern hatte er das Tier erschlagen. Scheinbar grundlos, aus einer Laune heraus. Aber die Verlobte und deren zweijähriges Kleinkind hatten zuschauen müssen, wie er das Tier an ein Küchentischbein festband und mit siebenundvierzig Hammerschlägen auf den Kopf erschlug.

Der Hauptmann konnte sich den Täter, den Tatort und die Tatumstände gut vorstellen.

Dort, wo die Stadt in den Feldern verlandet, steht das Anwesen des Fuhrmannes, ein altes graues Zweifamilienhaus, ein verwahrloster Hof, ein verwilderter Garten mit Heeren von Brennesseln. Der Fuhrmann ist nicht alt, gewiß nicht, etwa fünfzig Jahre alt, und sein feistes Gesicht verrät Verschlagenheit und Grausamkeit. Dieser Mann würde den Ahnungslosen spielen. Und da sind die Neubaublöcke, in der der Untermieter lebt.

„Ich schlage alles tot, schon immer, seit eh und je schlage ich tot. Ich bin dafür bekannt. Ich schlage Schweine tot und Kälber, Ziegen und Schafe auch. Vor allen Dingen Hunde und Katzen." Das hatte der Täter, der weiterhin Untermieter bei seiner Verlobten war, der Mitarbeiterin vom Tierschutz gegenüber geäußert. Und unumwunden hatte er die Angaben der übrigen Hausbewohner bestätigt. Diese waren einhellig darüber empört, daß das Tier unter grauenhaften Schmerzen in der Wohnung verendet und daß der blutige Kadaver durch das Treppenhaus in einen Müllcontainer gezerrt worden war. Der Untermieter hatte prompt geantwortet: „Das stimmt. Die hat ganz schön gequiekt, die Anka, das Luderchen. Und geblutet hat die wie ein Schwein. Für den Müllcontainer war sie fast zu groß. War´n schönes Stück Arbeit."

'Der schlägt alles tot, seit eh und je', hämmerte es im Kopf des Hauptmanns.

Er nahm den Telefonhörer ab und sagte: „Ich bin heute nachmittag außer Haus. Ich habe in einer Angelegenheit von Verletzung des Tierschutzes und der Tierhygiene zu ermitteln."

Als er sein Dienstzimmer verließ, dachte er: 'Hoffentlich verschanzt sich der Täter nicht hinter der Ausrede, er habe die tierquälerische Handlung nicht vorsätzlich begangen. Aber dann bleibt mir ja immer noch der Kreistierarzt. Er kann dem Täter wenigstens fünfzig Mark wegen der Verschmutzung des Containers aufbrummen.'

Alf

Die Stadt hat nicht sehr viel Wald. Sie ist eine Industriestadt. Aber im Herbst formieren sich über den weiten Feldern vor der Stadt die Wildgänse und fliegen weit weg. Und auch die aufregend bunten Schnellzüge rasen in die Ferne. Und wenn die Schienenstränge aufblitzen und die Schnellzüge kleiner und kleiner werden und zuletzt seinen Blicken ganz entschwinden, wird es Jens Bärlapp weh ums Herz. Die Schnellzüge eilen weg, die Wildgänse ebenfalls. Und nur er bleibt zurück in dieser Stadt mit den schwarzen Schloten und dem Gasometer und dem grauen Bahndamm und der Siedlung, in der er wohnt. Und mit seiner Einsamkeit – denn einsam ist Jens heute, weil er soviel Kummer hatte: die zweite Fünf in Mathematik. Und dabei hat das Schuljahr gerade erst begonnen. Soviel Kummer konnte er selbst mit seinen besten Freunden nicht besprechen. Und die Ankunft des Vaters konnte er auch nicht zu Hause abwarten. Die Gegenwart ist grau, so grau, aber die Zukunft ist bunt und heiter, irgendwo weit weg von der Siedlung, erreichbar über die silbern glänzenden Schienenstränge. Einst will Jens hier vorbeifahren, vorbei an der Siedlung, in der die Schnellzüge nicht halten, vorbeifahren und ein großer Mann sein. Was würde wohl Jens Bärlapp sagen, wenn in diesem Augenblick eine gute Fee herbeikäme und zu ihm spräche: „Das, Kind, ist die schönste Zeit deines Lebens. Träum nur richtig weiter und sehne dich tüchtig und wisse immer dabei, das ist die schönste Zeit deines Lebens." – Ach, Jens würde es gar nicht glauben, das mit der schönsten Zeit, da er doch so lustlos hier am Hang sitzt, auf das Summen der Telegraphenmasten lauscht, ratlos an die Siedlung denkt und an den ordnungsliebenden Vater, der jetzt in diesem Augenblick vom Büro nach Hause gekommen ist, eine Stunde lang zwischen seinen exakten Gartenbeeten verbringt und sich dann seinen Briefmarken zuwenden wird. Nein, wirklich, Jens würde es nicht glauben, daß es die schönste Zeit seines Lebens sei, da er hier von den ausgedehnten Spielen langer Kindernachmittage jeden Hügel kennt, jeden Strauch, jeden Abfallhaufen. Aber das Leben eines Kindes geht rasch weiter, und Jens bekommt Besuch, sehr leisen Besuch, der sich bittend und untertänig in Gestalt eines mageren Schäferhundes naht.

Bei soviel Kummer ist Jens Bärlapp zunächst nicht recht ansprechbar, aber dann blickt ihm der mittelgroße braune Hund so hoffnungsvoll in die Augen, so bittend, daß die zweite Fünf in Mathematik verblaßt. Die Neuigkeit bringt neues Leben in Jens.

„Kannst du apportieren?“ fragt er den Hund, und schon im nächsten Augenblick schleudert er einen Stein von sich. Doch der Hund reagiert ganz unerwartet. Er rennt nicht dem Stein hinterher, sondern preßt sich fest an Jens. 'Ach was, das Leben besteht doch nicht bloß aus Mathematik – der Schäferhund hat Hunger, ich gehe jetzt zum Bäcker und kaufe uns Brötchen', sagt sich Jens.

Otto Bärlapp arbeitete heute weder im Garten, noch weichte er gestempelte Marken ab, sondern er saß wütend in der Küche. Er dachte an den Sohn Jens. Der hatte seine Schulmappe achtlos hinter die Haustür gestellt und trieb sich irgendwo herum. Er hatte schon wieder eine Fünf in Mathematik bekommen, wie sich Otto Bärlapp mit einem raschen Blick informiert hatte.

Wessen Kummer war nun größer? Der von Vater Bärlapp oder der von Jens? Und es war keine gute Fee mit einem Rotstift erschienen, um aus der Fünf eine Drei oder wenigstens eine Vier zu machen. Es waren aber auch alle Mathematikaufgaben falsch gerechnet. Ja, alle! Und potzblitz, obendrein trieb sich der Bengel noch irgendwo herum. Vater Bärlapp winkte ab, es hatte keinen Zweck. Sogar die Freude an den neu eingetauschten Briefmarken, die noch abgelöst werden mußten, wurde ihm gründlich vermiest. Dieser Bengel hatte es fertiggebracht, ihm die allerletzte harmlose Freude zu nehmen. Frau Bärlapp stellte zwei Tassen Kaffee auf den Tisch und setze sich dann zu ihrem Mann. Lustlos trank das Ehepaar Bärlapp Kaffee. Als es unter ihrer Küche im Kohlenkeller rumorte, war Vater Bärlapp nicht mehr wütend, sondern ermattet und traurig.

Otto Bärlapp öffnete die Kellertür und erschrak. Es war kein Sohn, kein Jens, zu sehen, aber an einem Strick zerrte ein heruntergekommener zottiger Köter und zeigte ihm die Zähne und knurrte.

'Ach nee, soweit ist es schon gekommen', dachte Otto Bärlapp, 'vielleicht lasse ich mich noch beißen von dem Mistvieh, wenn ich schon den ganzen Tag für diese Familie gearbeitet habe.'

Eigentlich war der Bürger Bärlapp immer ein ruhiger Mensch gewesen. Seit Jahren war sein Leben gleichmäßig dahingeflossen, nur hin und wieder unterbrochen von einer Reise zu Briefmarkenausstellungen. Etwas Fremdes kroch in Bärlapp hoch, etwas Häßliches, alles andere überschwemmend. Das Beil lag neben ihm auf einem Hackklotz. Plötzlich kam ein rauher Schrei von Bärlapps Lippen. Seine Gedanken rasten: Jetzt wollte er endlich einmal zeigen, wer Herr im Hause sei, wollte es diesem verdammten Bengel zeigen, diesem elenden Fünfenschreiber, der ganzen Familie.

Als das stumpfe Beil auf den unglücklichen Hund niedergesaust war, starb auch schon wieder Bärlapps Haß. Und ein Schamgefühl breitete sich in ihm aus. Otto Bärlapp schämte sich jetzt seines irren Gebrülls, und der Hund tat ihm leid, der sich weinend und mit herabhängendem Ohr hinter den Hackklotz verkroch.

Uwe Schnell, Hauptwachtmeister der Volkspolizei, stand in Uniform hinter Bärlapp im Keller. Bärlapp sah betreten, daß der Hauptwachtmeister, sonst nur sein Nachbar und Briefmarkensammler wie er selbst, die Szene voll im Blick hatte: ihn, Otto Bärlapp, den Brüller, das Beil und den geschlagenen Schäferhund. Nur von der zweiten Fünf in Mathematik zu Beginn des Schuljahres wußte Uwe Schnell leider nichts.

„So, Bürger Bärlapp, geht das aber nicht. Sie machen sich strafbar. Berühren Sie die Axt nicht mehr. Schließen Sie jetzt Ihre Kellertür von außen ab und begeben Sie sich in Ihre Wohnung. Ich schicke sofort einen Tierarzt vorbei."

Otto Bärlapp gehorchte schweigend.

Doktor König, amtierender Kreistierarzt, hatte wieder einmal Ischias. Das war für ihn besonders peinlich, da wieder einmal die Jagd am Wochenende ausfallen würde. Und nun war auch noch vor wenigen Augenblicken Uwe Schnell dagewesen und hatte so unangenehme Nachricht gebracht. Doktor König sah diesen Uwe Schnell immer sehr gern, diesen jungen Volkspolizisten, wenn er mit seinen Diensthunden zum Impfen kam. Aber vorhin war Uwe Schnell in seiner Eigenschaft als Mitglied des Beirates für Tierschutz und Tierhygiene dagewesen. Ein Bürger aus der Siedlung hatte blindlings auf einen Hund eingeschlagen. Das Tier war am linken Ohr verletzt. Diesem Bürger sollte man ein für allemal das Beil wegnehmen. Er, Tierarzt Gustav König, tötete nun einmal ungern Tiere. Und am allermeisten war ihm die traurige Aufgabe zuwider, wenn jähzornige oder gedankenlose unverantwortliche Menschen am Werk gewesen waren. Er verabreichte sehr gern heilende Medikamente, aber nicht tödliche. Na, vielleicht hatte der gute Uwe Schnell auch etwas übertrieben mit der Verletzung. Jedenfalls hatte er, amtierender Kreistierarzt Gustav König, heute Ischias und wollte erst einmal Ingrid Nachtigal anrufen. Die war ja das aktivste Mitglied des Beirates für Tierschutz und Tierhygiene beim Rat der Stadt. Sie sollte sich erst einmal den verletzten Hund ansehen. Die Telefonnummer der Nachtigals wußte er von der Tierschutzarbeit in zahlreichen Fällen auswendig.

Leise war Ingrid Nachtigal jedenfalls nicht , als sie mit Otto Bärlapp sprach. Und nachdem sie den geschlagenen Schäferhund gesehen hatte, war sie in ihrer Wortwahl durchaus nicht wählerisch. Otto Bärlapp verwünschte schon mehr als genug den unglücklichen Griff zum Beil. Aber immerhin war er in seinen vier Wänden und ein rechtschaffender Familienvater, und überdies besaß er die umfangreichste Motivbriefmarkensammlung der Stadt zur Thematik Pflanzen und Blumen Europas.

„Also", sagte Otto Bärlapp, „nun machen Sie mal kein so großes Faß auf, Frau Nachtigal, hier sind zwanzig Mark. Die spende ich für Ihren Verein oder wie das Dingsda heißt. "

Ingrid Nachtigal wurde jetzt sehr leise. „Wofür war das Geld denn gedacht, Herr Bärlapp? Für die Transportkosten des Schäferhundes in die Tierklinik oder für die Röntgenbilder des von Ihnen verletzten Tierschädels? Oder wollen Sie sich damit für Ihre dreckige Tat loskaufen? Es wird ein Ermittlungsverfahren eingeleitet, und im Zusammenhang damit wird dann auch die Kostenfrage erörtert werden, verlassen Sie sich darauf. "

Doktor Fritz Nachtigal hatte bisher, ohne ein Wort zu sprechen, neben seiner Frau gestanden. Ihm waren diese lauten Szenen unangenehm. Außerdem tat ihm

Otto Bärlapp etwas leid. „Ingrid", sagte er, „ich werde Stadtrat Schmalz anrufen, ob in unserem kleinen Tierheim noch Platz ist. Dann wird die Behandlung vielleicht nicht so teuer wie in der Tierklinik."

Der Hund war ganz brav in den schreckgrünen Trabbi der Nachtigals eingestiegen. Doktor Nachtigal war Humanmediziner, aber er hielt auf Vielseitigkeit. „Posttraumatisches Hämatom mit Verdacht auf Gehirnerschütterung, Ingrid", sagte er, als er dann mit seiner Frau im Hausflur des Buchenberghauses stand.

Margit Segebarth, die Bewohnerin des Buchenberghauses, hatte glücklicherweise wieder einmal nicht nein sagen können, als Stadtrat Schmalz bei ihr anrief und sie fragte, ob sie für einige Tage einen verletzten Schäferhund aufnehmen könne. Das Weitere werde dann Kreistierarzt König entscheiden, hatte Stadtrat Schmalz gesagt.

Nach der Diagnose folgte die Behandlung. Das galt für die große Klinik der Humanmedizin und auch für Margit Segebarths Minitierheim. Doktor Nachtigal legte seinen Mantel ab, etwas umständlich, so daß Margit Segebarth und Ingrid Nachtigal einen leicht belustigten Blick tauschten.

„Das Ohr wird heilen, aber wir müssen zunächst den großen serösen Erguß beseitigen. Geben Sie mir doch bitte eine Kanüle, äh Stopfnadel", sagte Doktor Nachtigal.

„Erst mal 'ne große haben", sagte Margit Segebarth. Aber sie holte dann tatsächlich eine besonders große Stopfnadel von ihrer Tante im Nachbarhaus.

Die Stopfnadel wurde in einer Kerzenflamme ausgeglüht. Der Rest würde nur noch wie ein Kinderspiel für Doktor Nachtigal sein: ein rasches Zustechen, leichtes Drücken und Entleeren der Flüssigkeit. Später würde die Prozedur vielleicht noch einmal wiederholt werden müssen. Doktor Nachtigall erläuterte den Vorgang noch einmal rasch und stach dann auch möglichst unauffällig zu. Aber was war jetzt los? Das war doch kein Hundeohr, sondern ein Stück Gußeisen! Fritz Nachtigal stach und stach. Er erläuterte nun nichts mehr. Er wagte den beiden Frauen, die ihm bei der Arbeit zuschauten, nicht einmal in die Augen zu blicken. Der Abmarsch zum schreckgrünen Trabant war für Fritz Nachtigal eine Niederlage. Er verbiß sich aber das Schimpfen und sagte: „Morgen wird meine Frau mit einer kühlenden Salbe wiederkommen, wir müssen zunächst rein konservativ vorgehen."

Margit Segebarth blieb höflich, aber Doktor Nachtigal überlegte noch lange, ob sie nicht doch einen Schalk in den Augen gehabt hatte.

Der Stadtrand mit den silbernen Bahnschienen und den Schnellzügen war vergessen. Jens hatte dem kranken Hund sogar einen Namen gegeben, den er zärtlich flüsterte, wenn er ihn umarmte: „Alf". Was sollte alle Mathematik hier! Margit Segebarth war viel älter als er und konnte offensichtlich noch nicht einmal richtig zählen! Abends sollte der Hund immer zwei Tabletten bekommen, hatte der Doktor gesagt. Aber Jens hatte durch geduldiges Fragen herausbekommen, daß Alf morgens, mittags und abends je eine Tablette bekommen hatte. Genauso wie Margit Segebarths Großtante im Nachbarhaus, die herzkrank war. So geht das nicht weiter, sagte sich Jens, ich muß den Doktor darüber aufklären, daß seine Anordnungen nicht eingehalten werden.

„Na, Herr Bärlapp, was machen denn die Briefmarken?"

„Ein wahres Glück, Nachbar Schnell, daß Sie mich heute nicht mit 'Bürger' anreden. Aber was ich noch sagen wollte: Meine Wut war damals einfach zu groß, wissen Sie... Nichts als Ärger hab' ich mit diesem Bengel. Und wissen Sie schon das Neueste? Jetzt schwänzt er auch noch die Schule! Vormittags kriecht er jetzt auf dem Buchenberg, in einem Dorf, herum. Und alles wegen eines Hundes."

„Wegen des Schäferhundes komme ich zu Ihnen", sagte Uwe Schnell. „Wie nicht anders zu erwarten, hat die Bürgerin Ingrid Nachtigal in ihrer Eigenschaft als Mitglied des Beirates für Tierschutz und Tierhygiene gegen Sie Anzeige erstattet. Ich an Ihrer Stelle würde die Angelegenheit friedlich regeln, zumal ja der Hund wieder auf die Beine kommt."

Es war kein leichter Gang für Otto Bärlapp zu den Nachtigals. Und wieder war keine gute Fee in der Nähe, die das Haus der Nachtigals mit einer lückenlosen Hecke aus Dornen unzugänglich gemacht hätte.

Aber Otto Bärlapp hatte dennoch großes Glück. Ingrid Nachtigal war nicht zu Hause, sondern nur Fritz Nachtigal. Als der von der Strafanzeige hörte, war er nicht weniger verlegen als Otto Bärlapp. „Na ja", sagte er schließlich, „Sie sollen aber auch gebrüllt haben wie ein Stier. Und mit einem Beil, na, wissen Sie..."

Die beiden Männer standen sich unschlüssig gegenüber. Dann aber siegte Fritz Nachtigals stadtbekannte Gutmütigkeit. „Wir wollen ganz offen miteinander reden, Herr Bärlapp. Ihr Sohn hat uns besucht. Ein wirklich netter Junge. Meine Frau war ganz begeistert." Otto Bärlapp wollte dazwischenfunken, aber Nachtigal winkte ab. „Ja, das mit den Fünfen und dem Schuleschwänzen hat er uns auch erzählt. Aber sehen Sie mal, wir wollen jetzt von Mann zu Mann reden und einen Ausweg finden..."

Stadtrat Schmalz lachte, als er die Gummistiefel anzog. Eigentlich hätte er sie lieber nicht gebraucht, aber er hatte sie für seine Begehungen in der Wildnis, wie er das nannte, im Auto immer dabei, und so zog er sie auch an. „Ich denke, Herr Bärlapp“, sagte der Stadtrat, „der Platz ist groß genug für Ihren Hundezwinger. Über die Beschaffung des Drahtes haben wir ja schon gesprochen. Da bin ich Ihnen behilflich, aber wegen der Dachplatten wenden Sie sich am besten an Frau Nachtigal.“

Otto Bärlapp lächelte süßsauer. „Ach was“, sagte der Stadtrat, „wenn die hört, daß Sie diesen Tierschutzfall persönlich übernehmen, ist sie sofort ausgesöhnt, und Sie bekommen die Platten für das Zwingerdach.“

Die Schnellzüge eilen dahin. Die Wildgänse sind fortgeflogen. Schnee liegt in der Luft. Der Garten ist abgeerntet. Aber Otto Bärlapp braucht nicht über Bewegungsmangel klagen. Fast täglich macht er einen Spaziergang mit dem Schäferhund Alf, während sein Sohn Jens zu Hause Mathematik büffelt. Weihnachten soll ein guter Zensurendurchschnitt erreicht sein.

Otto Bärlapp läßt den Schäferhund Alf vorschriftsmäßig bei Fuß gehen und freut sich über das glänzende Fell des Hundes und über dessen lockeren Gang. Das linke Ohr des Schäferhundes hängt ein wenig herab. Das ist bedauerlich, aber darüber spricht niemand mehr in der Siedlung, nicht einmal Hauptwachtmeister Uwe Schnell.

Florian

Uwe hielt den kleinen Kater in beiden Händen, um ihn über die Balkonbrüstung in den Hof zu werfen. Monika stand reglos im Hof, vor Empörung zitternd. Sie rief: „Uwe, setz sofort den Florian ab! Laß ihn ja nicht fallen, hörst du! Ich bin gleich oben." Sie lief hinauf in den dritten Stock. Als sie dort die Wohnungstür öffnen wollte, die nur angelehnt war, steckte Uwe seinen Kopf durch den Türspalt. Aus der Tür klang klägliches Miauen. „Uwe, was soll der Blödsinn? Einer solchen Gemeinheit hätte ich dich nicht für fähig gehalten, und überhaupt..." Der Junge unterbrach sie weinerlich: „Meine Eltern wollen ihn doch nicht mehr." Monika dachte: 'Ich muß mit seinen Eltern reden. Wenn sie den Kater nicht mehr haben wollen, dann sollen sie ihn doch verschenken.' Sie überlegte, und nach einer Weile sagte sie: „Gib ihn mir."

Es dämmerte schon, als Monika dann ihr Zimmer betrat. Sie setzte Florian auf den Teppich, und während sie Milch in eine Schale goß, betrat ihre Mutter den Raum. „Werden sich unsere Tiere auch mit dem neuen vertragen?" In der Stimme der Mutter klang Besorgnis. „Aber warum denn nicht?"

So klug die junge Medizinstudentin auch war, diesmal irrte sie sich gründlich. Die Tiere, die in der Wohnung der Familie lebten, vertrugen sich mit Kater Florian nicht. Die schwarze große Katze fauchte und wurde dreimal so dick vor Empörung. Sie biß und gab keinen Tag Ruhe. Otto, der Spatz, schimpfte von seinem Vogelbauer Zeter und Mordio. Und Max, das Meerschweinchen, biß, obwohl Meerschweinchen sonst gar nicht beißen, und das in dem Augenblick, als Florian der Sonne zuschaute, wie sie so hübsche Kringel auf die Tischdecke malte. Sonnenkringel machen doch so lustig, Florian hatte sie für sein Leben gern. Der ständige Ärger mit den anderen Tieren machte ihn fast krank.

Monikas Mutter beschloß, ihn zu verschenken. Monika ging mit dem Kater los, der in einer großen Tasche saß. „Ein neues Leben hat begonnen, kleiner Florian", sagte sie und klingelte zuerst an einer Haustür mit blinden Scheiben im oberen Türrahmen. Eine Frau lugte daraus hervor, öffnete schließlich, fragte dann mißtrauisch: „Sind Sie vom Tierschutz? Wer hat mich denn dieses Mal angezeigt?" Monika blickte ihr ins Gesicht. Die überaus große hagere Frau hatte ihre Brauen finster zusammengezogen. Monika sagte eilig: „Ja, wie man's nimmt, Tierschutz mache ich auch. Das macht man ja immer, wenn man die Schöpfung liebt. Ich wollte Ihnen diesen kleinen Kater schenken." Die Frau lächelte plötzlich. Dann legte sich ein Schatten über ihre Züge. Sie sagte traurig: „Es geht nicht. Ich habe schon neun Katzen."

Weiß leuchtete ein Stallgebäude im Garten gegenüber. Ein Mann beobachtete neugierig den Vorgang. Monika sagte: „Sie können ihn haben. Ist er nicht hübsch?" Der Mann entgegnete: „Ja, ja." Und fuhr sich mit zwei Fingern seiner rechten Hand durch den Bart, so als streichele er ihn. Monika berichtete: „Wir können ihn leider nicht behalten. Er heißt Florian. Er paßt nicht zu unseren Tieren, wir ..." Der Mann fiel ihr ins Wort: „Lassen Sie ihn hier." Er streckte beide Hände nach Florian aus, und als er gerade zupacken wollte, fügte er noch hinzu: „Wenn Sie weg sind, werde ich ihn totschlagen." Monika riß die Tasche mit Florian an sich und konnte nur noch sagen: „Ich gehe. Solche Hilfe wollte ich nicht." Langsam wußte sie wirklich nicht mehr weiter.

Da fiel ihr der Pastor ein. Er war zu Hause. Sie erzählte ihm von ihren Sorgen mit Florian. Der Pastor überlegte und meinte dann: „Ich habe eine Idee. Zu uns kommt jeden Tag ein kleines Mädchen, das so gern mit unseren Katzen spielt. Den Vater dieses Kindes werden wir jetzt gemeinsam besuchen."

Sie trafen den Vater an, und gleich kam der Pastor auf Florian zu sprechen: „Es geht um diesen Kater und um deine Christine. Dieses junge Mädchen möchte ihn ihr schenken. Was ziehst du für ein Gesicht? Deine Christine ist ein Einzelkind. Sie ist tierlieb. Sie sollte ein eigenes Tier haben, für das sie sorgen darf. Wo ist deine Frau? Sollte sie nicht auch ein Wort dazu sagen?"

Die Frau, die hinzugekommen war, beobachtete ihre kleine Tochter und Monika. Dann sagt sie einfach: „Wie heißt denn der Kater? Wir könnten ihn Kasimir nennen."

Monika antwortete: „Er heißt Florian. Aber das ist nicht so wichtig."

Sehr glücklich ging die kleine Christine mit Florian ins Haus. Monika aber ging nachdenklich ihren Weg zurück. So gab es also noch Auswege, wenn man sie nur lange genug suchte.

Menschen kamen aus dem großen LPG-Stall, eilten vorüber. Am Himmel flogen Graugans und Möwe. Und der Wind, der aufgekommen war, trieb ihre gefiederten Körper himmelwärts in dem zeitlosen Licht.

Der Weihnachtstiger

Als Herr und Frau Klawitter am Weihnachtsabend am Rande des kleinen Dorfes Buchenberg aus ihrem Auto gestiegen waren, standen sie frierend in der Dunkelheit, und der Sturm in den hohen Kiefern hörte sich fürchterlich an. Aber hinter den Bäumen erstrahlte das alte Backsteinhaus der Familie Griesmann in hellem Lichterglanz. Und Helligkeit und fröhliches Kindergeschrei im Innern des Hauses waren so überwältigend für Klawitters, daß sie, ohne anzuklopfen, eintraten. Der Flur des Hauses glich einer Menagerie. Kleine bunte Flugenten, einige Truthähne, zwei große weiße Gänse, mehrere nervöse Zwerghühner und zahllose Katzen hockten und liefen herum, daß es besonders Frau Klawitter schwindelte. Die Tür zum Zimmer stand weit offen. Hier saßen aufgeregt und mit roten Apfelbäckchen die Kinder der Griesmanns um einen Weihnachtsbaum, der in der abenteuerlichsten Weise aufgeputzt war. An seinen Zweigen hingen Speck- und Wurststückchen und kleine runde Glaskugeln unterschiedlichster Größe und Epochen. Unter der Tannenbaumspitze baumelte ein Wollschal mit langen Fransen. Noch mancherlei trug der Baum: Ochs, Esel, Schaf und Schweinchen aus Holz, eine kleine Mundharmonika und bunt eingewickelte Bonbons. Die Kinder hatten aufgehört, zu schreien und zu lachen, und wirkten etwas beklommen über den unerwarteten Besuch.

Die Klawitters sahen ratlos Frau Griesmann an. Diese, eine kleine Frau mit langen schwarzen, etwas wirren Haaren und einem indianerhaften Gesichtchen, war auch etwas verlegen. Aber das dauerte keineswegs lange. „Ach", sagte sie keck, „die Tiere sollen ja auch wissen, daß Weihnachten ist. Ich lass' sie heute hier im Hausflur fressen. Die Hühner und Enten haben schon ihren Teil weg. Für die Katzen will ich gerade das Futter zurechtmachen. Bloß Hanning, unser lüttes Schaf, habe ich im Stall eingesperrt. Das bekommt nachher zusammen mit den Schweinen sein Futter. Und für meinen Mann will ich noch einen Pott Kaffee aufsetzen. Der hat noch Dienst, muß aber bald aus dem Kuhstall nach Hause kommen. Und etwas Wein wollen wir trinken, später, nach der Bescherung."

Der Farbfernseher war auf Grellblau eingestellt und brachte das Weihnachtsprogramm in einer Lautstärke, daß sich Frau Klawitter hin und wieder unwillkürlich nach den Ohren griff. Herr Klawitter blickte befremdet auf einige Biergläser auf dem Tisch. Weingläser waren nicht vorhanden, aber in einer Ecke standen tatsächlich zwei Flaschen Wein. Und dort lungerte auch ein gewaltiges struppiges Tier herum, offenbar eine uralte Katze, die Herrn Klawitter so unverschämt angähnte, daß dieser sogleich etwas wütend wurde – so ganz innerlich wütend, ohne es sich jedoch anmerken zu lassen. Margit Griesmann lief geschäftig hin und her, offenbar fehlte immer wieder etwas am Katzenmenü. Dann wartete sie geduldig, bis jede Katze ihren Platz an dem runden Bottich eingenommen hatte.

„Gewürznelke", flüsterte Frau Klawitter ihrem Mann ins Ohr, „wenn man wenigstens den schrecklichen Fernseher leiser drehen könnte. Das ist nicht auszuhalten." Gewürznelke nannte Frau Klawitter ihren Mann immer, wenn sie aufgeregt war. Der machte sich nun sogleich an dem Gerät zu schaffen, obwohl er nichts von Fernsehapparaten verstand. Er hatte ja zeitlebens immer nur Radio gehört, um seine Augen zu schonen. Trotzdem trug er eine beachtliche Brille. Margit Griesmann hatte die fahrigen Bewegungen von Herrn Klawitter bemerkt, der nun das Bild bei gleicher Lautstärke auf Lila geschaltet hatte. Sie schloß hinter sich die Tür zum Flur, so daß die fressenden Tiere draußen blieben, und sagte: „Jetzt lassen Sie bitte erst einmal das Erste Programm mit den Weihnachtsliedern laufen. Wenn Sie noch das Zweite Programm haben wollen, muß Klaus, mein Mann, auf das Dach steigen und die Antenne drehen. Das ist so bei uns wegen dem hohen Ahorn draußen vor dem Haus." Sie machte einige Stühle frei. Sie warf die Kleidungsstücke, die auf den Stühlen gelegen hatten, auf eine Liege. Dann setzte sie sich hin. Herr und Frau Klawitter setzten sich nun ebenfalls, und die drei Griesmann-Kinder schoben ihre Stühle mit an den runden Tisch. Und plötzlich sahen sich Herr und Frau Klawitter in einem fröhlichen und singenden Kreis. Die Kinder und Margit Griesmann sangen, daß es nur so eine Art hatte. Bei dem schönen Lied „Oh, Tannenbaum" lächelte Herr Klawitter verlegen, aber bei „Stille Nacht, heilige Nacht" sangen beide Klawitters mit, Herr Klawitter allerdings etwas zittrig und stockend, aber das fiel bei der Lautstärke des Gesangs nicht weiter auf.

Die Ankunft des Hausherrn war kaum bemerkt worden. Klaus Griesmann zeigte auch keinerlei Verwunderung über den Besuch. Es gehörte offenbar nicht zu seinen Gewohnheiten, sich zu wundern. Er hängte seine Pudelmütze an einen Nagel an der Wand, zog seine Gummistiefel aus und stellte sie neben die Tür, warf einen prüfenden Blick auf Frau und Kinder, regulierte am Fernseher Bild und Ton und reichte Klawitters die Hand: „Schön' guten Abend. Na, sogar heute auf Achse?" Klaus Griesmann hatte in beiden Klawitters die wandernden Städter vom letzten Sommer erkannt.

Nun wurde Herr Klawitter wieder Herr der Lage. „Wissen Sie", sagte er, „Sie müssen unseren ungewöhnlichen Besuch schon entschuldigen, aber wir sind in einer besonderen Situation, die uns zwingt, eine Katze zu erwerben." Er zog seine Geldbörse aus der Tasche und legte sie vor sich auf den Tisch.

Klaus Griesmann blieb ungerührt. „Wissen Sie", antwortete er, „ich hab' mein Geld für meine Arbeit im Kuhstall, und meine Frau hat nun einmal ihren Spaß an den vielen Katzen. Ich sehe keinen Grund – ich meine keinen triftigen – Ihnen eine davon abzugeben. Verstehen Sie denn etwas von Katzen?"

„Ja, aber ja, doch", schaltete sich nun Frau Klawitter ins Gespräch, „wir haben Tiere immer gern gemocht. So hat mein Mann seinerzeit als Kind einen Hund des Nachbarn öfter ausgeführt. Und meine Großmutter besaß einen der gelehrigsten Vögel der Stadt. Wir selbst, mein Mann und ich, haben später allerdings auf Tierhaltung verzichtet, zumal man so dies und das hörte – ich meine in bezug auf übertragbare Krankheiten." Frau Klawitter hüstelte leicht.

„Na", meinte jetzt Klaus Griesmann, „wenn das so ist, sollten Sie sich lieber eine Stoffkatze besorgen oder – na, sagen wir mal – so ein Glasvieh aus dem Kunstgewerbe. Das können Sie dann immer mit Desinfektionslösung abwaschen." Er lachte laut, Margit Griesmann lachte ebenfalls, und die Griesmann-Kinder, die staunend zugehört hatten, wollten sich überhaupt nicht mehr beruhigen vor Lachen. Aber Herr und Frau Klawitter lachten nicht. Hatte ihnen doch im Grunde genommen Klaus Griesmann aus dem Herzen gesprochen. Aber dann dachten sie wieder an nächtliches Nagen unter den Dielen ihrer schönen Wohnung.

Frau Klawitter seufzte laut auf: „Ach was, wir brauchen eine Katze, weil sich Ungeziefer bei uns zu Hause eingeschlichen hat."

„Na ja", sprach jetzt Klaus Griesmann begütigend, „dann würde ich doch zu einem Insektenvertilgungsmittel raten. Das gibt's doch bei euch in der Stadt zu kaufen."

„Es ist ja viel schlimmer, Herr Griesmann", ereiferte sich Herr Klawitter, „es handelt sich um Nagetiere. Verstehen Sie jetzt!"

Klaus Griesmann nickte eifrig mit dem Kopf: „Ich verstehe. Haben Sie es denn schon mit Mausefallen versucht?!" Frau Klawitter heulte jetzt laut los: „Es sind doch Ratten, Herr Griesmann."

Endlich war die Wahrheit ausgesprochen. Die Griesmanns erstarrten. Dann, nach einer ganzen Weile, sagte Klaus Griesmann in die Stille hinein: „Igitt. Und das am Heiligabend. Frau, bring mir jetzt meinen Pott Kaffee, das muß ich erst mal runterspülen. So etwas Unhygienisches würd' ich in meinen vier Wänden gar nicht dulden."

Herr Klawitter wollte sich energisch rechtfertigen und auch seinen Zimmerspringbrunnen und die Hydrotöpfe seiner Frau erwähnen und die übergroße Ordnung in ihrer beider Wohnung. Aber ein flehender Blick aus den Augen seiner Frau ließ Herrn Klawitter schweigen. „Gewürznelke, liebe gute Gewürznelke, bitte schweig besser", sagte dieser Blick.

Margit Griesmann stellte für ihren Mann einen großen Becher schwarzen Kaffee hin, holte dann Tassen, Wassertopf und Tauchsieder und begann, für Klawitters und für sich selbst Kaffee aufzubrühen. Und beide Klawitters saßen still und in sich gekehrt zwischen Kindern und Katzen. Letztere kamen nach und nach ins Zimmer, sobald sich die Tür öffnete. Ein weißer Hund hatte sich auch noch dazugesellt, und Herr Klawitter überlegte krampfhaft, wo dieses Tier sich während der ganzen Zeit aufgehalten hatte. Aber in diesem Haus verlernte er schon langsam das Staunen. Dabei sollte das Schlimmste erst noch kommen. Als er nämlich seine Geldbörse nach einem Zehnmarkschein durchsuchte, brach aus dem Weihnachtsbaum ein kreischendes Etwas hervor und flog gegen seinen Mantel. Beide Klawitters schrien um die Wette. Die Griesmanns aber lachten. Und als Herr Klawitter aufzublicken wagte, saß er Auge in Auge mit einem exotischen Vogel.

„Ooch", sagte Margit Griesmann, und ihre dunklen Augen blitzten schelmisch, „das ist doch bloß Lisbeth, unser Nymphensittich. Lisbeth denkt, daß jeder Futter für sie hat. Lisbeth kann ja nicht wissen, daß sie nichts für sie haben. Oder haben Sie vielleicht Sonnenblumenkerne im Portemonnaie? Ja? "Herr Klawitter war außerstande zu antworten.

"Er wollte doch bloß schon die Katze bezahlen", sagte nun leise Frau Klawitter.

Margit Griesmann streute eine Handvoll Sonnenblumenkerne auf die Tischplatte. Der Nymphensittich nahm zierlich Kern für Kern in seinen gebogenen Schnabel und ließ es sich schmecken.

„Ach, ich weiß nicht", sagte Margit Griesmann, „ich möchte eigentlich gar keine Katze von mir in einem Haushalt wissen, wo es Ratten gibt. Können Sie das verstehen?"

„Gewürznelke", zischelte jetzt ehrlich empört Frau Klawitter, „das lassen wir uns nicht gefallen." Denn immerhin hatte ihre Frisur fünfundzwanzig Mark gekostet, und ihr Weihnachtsbaum war kein so schiefes Ding wie hier, sondern eine echte Blautanne. Frau Klawitter holte tief Luft, aber da traf sie aus den Augen des Mannes ein besänftigender Blick. „Frauchen, liebes Frauchen, bitte schweige besser", sagte der Blick.

Klaus Griesmann erhob sich nun bedächtig. Er holte von der Schrotkiste eine kleine Katze mit wunderschöner rotbrauner Tigerzeichnung und großen, erstaunten grünen Augen und hielt sie Herrn Klawitter hin. Die Katze sagte leise und sehr zart: „Mauz", und Herr Griesmann sprach: „Diesen Kater hat der Weihnachtsmann vorhin schon im Buchenberghaus abgegeben. Der Weihnachtsmann sagte mir, daß er sich nur sehr ungern von ihm getrennt hat, weil er im Weihnachtswald ein so starker Tiger war."

Die Kinder jauchzten vor Vergnügen, und Margit Griesmann lächelte fein.

„Danke für den Weihnachtstiger aus dem Weihnachtswald", lispelte Frau Klawitter. Und Herr Klawitter war sprachlos vor Rührung. Verstohlen steckte er seine Geldbörse ein.

Als die beiden Klawitters wieder draußen standen, hatte sich der Sturm gelegt, und der Himmel erstrahlte im schönsten Sternenglanz. Ganz feierlich wurde den Klawitters zumute, als sie langsam zu ihrem Auto schritten. Und an Herrn Klawitter schmiegte sich ein winziges Stück Leben. Er hielt den Weihnachtstiger fest im Arm. Der kleine Kater war leicht wie eine Feder, und Herr Klawitter nannte ihn zärtlich „Federchen".

Am ersten Weihnachtstag bot die Wohnung der Klawitters ein ungewohntes Bild. Beide Klawitters saßen auf dem dicken Wollteppich, und zwischen ihnen spielte Federchen. „Die Streifen an seinen Füßchen sind wie Ringelstrümpfe, sieh nur!" rief lachend Sabine Klawitter. Und Alfred Klawitter ließ den Weihnachtstiger auf seinem ausgestreckten Arm balancieren.

Und die Nager? Sie waren bald verschwunden und fast ebenso schnell vergessen. Nur Federchen erinnerte sich noch manchmal nach Jahren an sie, wenn er ein kreisrundes Loch in einer Diele unter dem Küchenschrank beobachtete, und dann peitschte sein Schwanz in leiser Erregung den Boden.

Der verkaufte Husten

'Glück muß der Mensch haben', dachte Christian Hinz. Er dachte diesen Satz immer wieder und war plötzlich beschwingt, als habe er etwas ganz Neues, Unerhörtes entdeckt. Hier im Dorf war wenig los. Täglich immer wieder dieselben fünfunddreißig Milchkühe und fünf Färsen. Nach Feierabend immer derselbe Konsum und dieselbe Kneipe. War das Glück dort, wo mehr los war? Er wollte auch endlich Glück haben. Glück und Trubel. Es müßte mehr los sein!

Warum hatte er denn kein Glück? Warum versuchte er nicht, etwas Besonderes aus seinem Leben zu machen? War er ein Tölpel? – Er hatte auf eigene Verantwortung die Kühe auf die Weide getrieben. Dabei sollten die Kühe nicht mehr auf die Weide. Was sollten sie auch dort? In diesem heißen, endlos währenden Sommer? Die Hitze und die große Trockenheit hatten die Grasnarbe versengt. Weit und breit wuchs kein grüner Halm mehr. Also hatte er die Kühe wieder in den Stall getrieben und angebunden. Hier standen sie nun, sahen ihn vorwurfsvoll an und zerrten an ihren Ketten.

Christian Hinz lud wütend die Karre voll Mist, fuhr sie prustend aus dem Anbindestall und kippte sie draußen neben der Stalltür aus. Dann füllte er eine zweite Karre – dabei knallte ihm Gartenzwerg, die kleinste, aber wildeste der Kühe, den dreckigen Schwanz mitten ins Gesicht – dann füllte er eine dritte, vierte, fünfte Karre und so fort. Mit ganzer Kraft mühte sich Christian Hinz volle zwei Stunden und mistete die fünfunddreißig Milchkühe und fünf tragenden Färsen aus. Durch die kleinen, mit Spinnweben verhüllten Glasscheiben brütete eine erbarmungslose Sonne.

'Zum Heulen ist diese Arbeit im Stall bei solch einer Hitze', dachte Christian Hinz. Zu allem Unglück waren ihm nun auch noch seine Zigaretten aus der Hosentasche in den Mist gefallen. Er sammelte sie wieder heraus – dabei riß ihm die leistungsfähigste und futterrentabelste Milchkuh, die schwarze Elli, einen Stofflappen aus seiner blauen Arbeitsjacke – und legte sie einzeln zum Trocknen oben auf einen Balken. Heiße Staubwolken drangen durch die offenen Stalltüren herein und fegten durch zwei zerschlagene Fensterscheiben wieder hinaus. Christian Hinz bekam einen Hustenanfall. Er hustete und hustete, und seine mit Stallmist verschmierten Hände fuhren auf und ab dabei, machten kreisende Bewegungen. Sein Körper bog sich rhythmisch unter den Hustenstößen, und er faßte sich an den Hals, als wollte er sich selbst erwürgen.

Da kam Kollege Hensel aus dem Büro per Auto, um die Nachmittagsschicht zu kontrollieren. Er blieb in der offenen Stalltür stehen und rief: „Hast du noch genügend Silage?“ „Schöner Dreck das Sauerkraut!“ hustete Christian Hinz, „Güteklasse drei!“ Er spuckte kräftig aus, schob seine Pudelmütze aus dem Gesicht und machte sich wieder an die Arbeit. Er warf mit einer Forke Stroh vor die Futterkrippen und zwischen die Kuhbeine, kippte von einer Karre Silage in die Futterkrippen, sammelte zwischendurch eilig Erdklumpen und kleine Steine aus der Silage. Dann zerrte er aus einer Ecke einen Leinensack mit Schrot, warf ihn sich über die Schulter, ging von Kuh zu Kuh und streute aus dem Sack für jedes Stück Vieh zwei Hände voll von dem Kraftfutter über die Silage. Da kam ein neuer Hustenanfall.

„Was hast du bloß für einen schönen Husten. Hast du das gehört, wie der ballert?“ fragte lachend Hensel.

Was sollte Christian Hinz darauf wohl antworten? Er schwieg besser, kippte erneut Silage in noch leere Futterkrippen. Als er ein paar Erdklumpen durch die Gegend gefeuert hatte und die letzte Handvoll Kraftfutter über die Silage, die wie Sauerkraut aussah, streute, stand Hensel immer noch da. „Kollege Hinz",sagte Hensel, „Sonnabend bist du bei Schnelltod. Ich erwarte dich im Wartezimmer, sagen wir gleich acht Uhr früh. Ich brauche deinen Husten. Du bekommst dafür von mir auch fünfzig Mark."

Als Doktor Düsing, von manchen spaßhaft auch Doktor Schnelltod genannt, am Sonnabend früh in seinen weißen Kittel kroch, hörte er aus dem Wartezimmer einen balkenerschütternden Husten. Er brabbelte: „Die Grippe geht um."

Dann dachte Doktor Düsing schon wieder an das alte Vertiko im Jugendstil bei Mutter Behm, das er ihr am Nachmittag abkaufen wollte. Mehr als eine Flasche Wodka durfte es allerdings nicht kosten; denn schließlich war es das achte Stück solcher Art, das in seinen Besitz übergehen sollte. Doktor Düsing war leidenschaftlicher Sammler von alten Möbeln. „Ach ja, das achte Vertiko", murmelte er in leiser Vorfreude. Dann rief er laut und vernehmlich: „Der Nächste. Bitte eintreten!"

Hensel aus dem LPG-Büro betrat hüstelnd das Sprechzimmer. „Donnerwetter", sagte Doktor Düsing anerkennend, „Sie haben sich ja einen schönen Husten zugelegt. Da ist wohl wieder einmal ein Krankenschein fällig, was?" Hensel entgegnete bieder: „Genauso ist es, Herr Doktor, genauso!" Und er fügte nach kurzem Hüsteln treuherzig hinzu: „Wie der ballert, was?"

Nach einiger Zeit verließen zwei Männer das Landambulatorium. Hensel aus dem LPG-Büro mit einer Krankschreibung in der Tasche und Christian Hinz aus dem Vierzigerstall mit einem Fünfzigmarkschein in der fest geballten Faust. Beide Männer waren zufrieden. Sie trennten sich rasch und unauffällig.

In der Konsumgaststätte von Langenbredenhoff war es angenehm kühl. Die Sonne tanzte durch die Terrassentür in zarten kleinen Lichtern auf der gelben Blumentapete. Der große gelbe Kachelofen schien angenehme Kühle zu verbreiten. Die gelbgeblümten Obergardinen waren zugezogen.

Im Gastzimmer waren Stille und matte Helligkeit. Im kleinen Zimmer nebenan, wo der Tresen stand, brannte eine Neonleuchte. Hier planschte der dicke Wirt verhalten mit den Gläsern im Spülbecken.

Christian Hinz fühlte sich ziemlich wohl. Seine Erregung von vorhin im Landambulatorium hatte einer fabelhaften inneren Ruhe Platz gemacht.Er bestellte ein großes Glas Greifswalder Pils, trank es in großen, aber dennoch maßvollen Schlucken aus. In verführerischen Bildern zeigte sich ihm nun die Zukunft.

Er, Christian Hinz, hatte soeben etwas zum Preis von fünfzig Mark verkauft, was er ziemlich mühelos produziert hatte. Etwas, das sich fast unbegrenzt produzieren lassen würde und ohne Materialaufwand, ohne Selbstkosten.

Was sagte die Politökonomie dazu? War das nun individuelle Wirtschaftspolitik? Zur materiellen Produktion jedenfalls gehörte er nicht, dieser schöne Husten, mehr zur nichtproduktiven, kulturellen Sphäre.

Kuhstall war gar nicht mal so schlecht, Kultur war vielleicht noch besser. Und Glück mußte der Mensch haben. Christian Hinz trank genießerisch sein zweites großes Pils aus, das ihm die freundliche Wirtin wortlos hingestellt hatte. Der Betrieb nahm zu. Einer nach dem anderen aus der zweiten Schicht kam herein. Christian Hinz beachtete kaum die Eintretenden. Er war über sich selbst sehr begeistert.

Wer sonst wohl, wenn nicht er selbst, sollte sein Glück zusammenzimmern?

Mitten in diese Gedanken hinein setzte sich Wachsmuth, ein Schichtleiter aus dem Achtzigerkuhstall. Man konnte nun aber nicht sagen, daß Christian Hinz darüber entzückt gewesen wäre. Schließlich war Wachsmuth wegen seiner Fragerei nicht sehr beliebt.Trotzdem wartete Christian Hinz, was wohl Wachsmuth fragen würde. Er brauchte nicht lange zu warten.

„Hast du Hensel aus dem Büro wirklich für fünfzig Mark Husten verkauft?“ fragte Wachsmuth.

Christian Hinz antwortete nicht, sondern lächelte still vor sich hin. Nach einer Weile fragte er zurück: „Bin ich Graf Charly, der Kartoffeln verkauft? Eine kleine Nachbarschaftshilfe ist etwas ganz anderes. Verstehst du, Wachsmuth?“

Wider Erwarten nickte Wachsmuth bloß und schwieg.

Die Wirtin kam an den Tisch, und Christian Hinz bestellte sein drittes großes Pils und den ersten weißen Schnaps. Wachsmuth bestellte ein kleines Helles.

'Wieso', dachte Christian Hinz, 'kommen mir die Kartoffeln und Graf Charly plötzlich in den Sinn? Vom Kartoffelverkauf weiß ich allerdings herzlich wenig. Da wußte Graf Charly mehr. Wir mußten über die Erde kriechen, und er schritt aufrecht einher mit seinem Pferd Bobby an der Leine. Hoch kam er längst nicht mehr auf den Gaul, der Graf, aber den Geldkasten hatte er randvoll. Das Geld hatte uns nichts anzugehen, aber das Kartoffellegen und Aufsammeln. Für uns war die Kartoffel nach Graf Charly die Königin gewesen, vor der man sich zu bücken hatte. Alles hatte ihr gehört, jede freie Minute, jedes Frühjahr, jeder Sommer, jeder Herbst, meine Kindheit und meine Jugend. Damals war keine Zeit gewesen für einen regelmäßigen Schulbesuch und später in der neu erbauten Zehnklassenschule auch nicht. Vater hatte aus irgendwelchen Gründen nicht gleich der LPG beitreten wollen, also hatte er lange alles alleine gemacht und mit ihm der Sohn. Und dieser Sohn, das bin ich. Ja, die anderen, die hatten es zu etwas gebracht, auch dieser Wachsmuth da, dieser Schichtleiter. Der hat bestimmt die in den fünfziger Jahren erbaute Zehnklassenschule erfolgreich abgeschlossen. Der konnte gut fragen. Der war ja nicht müde gewesen von all den Bücklingen vor Königin Kartoffel. Der doch wohl nicht. Wenn auch Graf Charly lange, lange verschwunden war, die Königin Kartoffel ist geblieben, auch in der LPG.'

Christian Hinz schloß die Augen und gab sich ganz und gar den Erinnerungen hin. Fast wäre er vor Wehmut und wohliger Wärme eingeschlafen. Doch da riß ihn sein Husten aus seinen Träumen. Der Husten schüttelte ihn. Wie ein Gewitter war dieser plötzliche Hustenanfall, wie ein Orkan. Bis in die feinsten Lungenbälkchen krachte es Schuß um Schuß.

Wachsmuth sagte plötzlich: „Für fünfzig Mark kaufe ich dir auch Husten ab, Christian. Ich will mich krankschreiben lassen. Die Kirschen sind schon alle abgefallen. Nun will ich wenigstens noch die Sommerpflaumen ernten. Außerdem habe ich zwei Bullen und zehn Schweine im eigenen Stall, die muß ich ausmisten. Und, wie gesagt, ich will die Sommerpflaumen abnehmen. Mir ist gar nicht richtig wohl, gerade dir das alles zu gestehen, aber es ist so."

Wachsmuth bestellte zwei weiße Schnäpse.

Beide Männer tranken nun auf gute Nachbarschaftshilfe. Dann nannte Wachsmuth Tag und Stunde, denen Christian Hinz nach einiger Zeit des Überlegens zustimmte. „Nicht wahr, Chrischan, es wäre schön, wenn wir uns beide pünktlich bei Schnelltoden einfänden", sagte Wachsmuth, bevor er die Gaststätte verließ.

Und pünktlich sieben Uhr waren am Montagmorgen Christian Hinz und Schichtleiter Wachsmuth im Landambulatorium bei Doktor Düsing. Im Wartezimmer saßen erstaunlicherweise schon so viele Patienten, daß die beiden keinen Sitzplatz mehr fanden. Alle warteten geduldig.

Doktor Düsing saß in der Nähe des offenen Fensters in seinem Ordinationszimmer und trank mißmutig seinen Morgenkaffee. Er hatte an diesem Wochenende Bereitschaftsdienst gehabt, und außerdem hatte ihm zu allem Überfluß jemand Sonnabend nachmittag das alte Vertiko von Mutter Behm, seiner ältesten Patientin, vor der Nase weggeschnappt. Der war mit einer gut gefüllten Brieftasche aus der Kreisstadt angereist und hatte Mutter Behm drei bunte Lappen hingeblättert und ihr das Vertiko abgeschwatzt. Dreihundert Mark für ein altes Vertiko, das war doch unmöglich. Am meisten war Doktor Düsing darüber enttäuscht, daß die alte Frau so gierig gewesen war. Was wollte die bloß mit so viel Geld?

Während die Patienten stumm warteten und der Doktor stumm über sein Mißgeschick nachsann, peilten Wachsmuth und Hinz draußen die Lage. Sie taten das ziemlich geräuschlos. Wachsmuth rückte zwei Gartenstühle beiseite, danach eine Gartenbank, bog Sträucher auseinander und bestimmte dann: „Du, Christian, stellst dich zwischen die Rosen unter das Fenster des Doktors, ich geh' wieder ins Wartezimmer zurück. Nachher gebe ich dir ein Zeichen, wenn du husten sollst."

Das war allerdings leichter gesagt als getan. Wie Krakenarme griffen nach Christian Hinz die Ambulatoriumsrosenzweige. Die Rosen waren viel zu dicht gewachsen und staubig und stachlig. Überdies hörte Christian Hinz den Doktor losbrüllen: „Krankschreibungen gibt es heute nicht!" Der Satz schallte furchterregend in die dornenzerkratzten Ohren von Christian Hinz.

„Hätte ich mich bloß nicht mit diesem Wachsmuth eingelassen", murmelte er und befürchtete das Schlimmste.

Doch da bemerkte er den Kopf von Wachsmuth im Fenster über sich. Dann beugte sich Wachsmuths Kopf samt dem Oberkörper etwas heraus. Wachsmuth hüstelte geziert, sagte dann ziemlich laut: „Herr Doktor, ich habe ja solch einen Husten. Wenn der hier losballert, ich meine bei Ihnen im Zimmer, fliegen glattweg die Papiere von der Schreibtischplatte. Und Sie könnten sich anstecken."

Als sich Wachsmuth ächzend und stöhnend noch weiter aus dem Fenster bog, war das für Christian Hinz das Einsatzzeichen. Er hatte ohnehin schon zweimal den Husten herunterwürgen müssen samt Staub und Spinnwebteilchen. Endlich konnte der Husten hinaus. Christian Hinz hustete und hustete, und die Hustenstöße flogen wie heulende Geschosse einer Kanone. Ein um das andere Mal rief Doktor Düsing: „Aber das geht doch nicht, Herr Wachsmuth, Sie bringen ja die Hauswand zum Einsturz!"

Christian Hinz hustete immer weiter, und der Husten schüttelte ihn so sehr, daß seine alten Hosen an den Dornen zerrissen. Als Wachsmuth das ah, mußte er laut und anhaltend lachen. dann war der Hustenanfall vorbei. Wachsmuth konnte sich wieder dem Arzt zuwenden. Dieser war sichtlich beeindruckt, sowohl von dem gewaltigen Hustenanfall des Patienten als auch von dessen bitterem Lachen der Verzweiflung.

Zwar ergab der nachfolgende Abhörbefund nichts Besonderes, aber es war genau wie bei dem Patienten Hensel, es handelte sich um eine symptomenarme Grippe. Doktor Düsing lächelte den Patienten zuversichtlich und mutmachend an, als er ihm einen Krankenschein überreichte.

Im Hausflur des Landambulatoriums wechselte ein Fünfzigmarkschein den Besitzer. Christian Hinz und Schichtleiter Wachsmuth trennten sich rasch und unauffällig.

Am Abend leuchteten die Sterne zum Hinzschen Küchenfenster herein, und als sich noch der Mond hinzugesellte, wurde Christian Hinz nachdenklich. Irgend etwas kam ihm am Mond überaus bekannt vor. Er wußte nur noch nicht richtig, was. Christiane Hinz gab sich still wie immer. Sie stellte ihrem Mann einen Teller Erbsensuppe mit Speck und Brot hin und eine Flasche helles Bier. Dann begann sie, im Spülbecken abzuwaschen. PLötzlich rief Christian Hinz: „Das Sandmännchen!"

Christiane Hinz wusch unbeirrt weiter und fragte nur so nebenbei: „Mann, spinnst du?"

Christian Hinz schrie mit schriller Stimme: „Ja, ja, ja, so ähnlich. Ich werde filmen!"

Diese Bemerkung allerdings riß Christiane Hinz von ihren fettigen Kochtöpfen empor. Sie dachte verwundert: 'Ob er wohl krank ist? Dann kommt es darauf an, ihn gut zu beobachten. Doktor Düsing will immer genau die Vorgeschichte jeder Krankheit wissen. Er wird mich fragen, ob Christian Meerrettich zum Mittag gegessen oder keine Prämie bekommen oder zu lange in der Sonne gelegen habe.' Christiane Hinz rechnete mit mancherlei. Deshalb war sie auch nicht sehr erstaunt, als ihr Mann ganz rasch sein Verhalten änderte. Alle Wildheit fiel von ihm ab. Er kam zu ihr an die Abwasch-Schüssel, nahm sie in die Arme und sagte zärtlich und nachdenklich zugleich: „Wir werden bald ein großes Auto fahren, und ein Haus kaufen wir uns. Und was das Allerschönste ist, wir ziehen hier weg."

Es fiel Christiane Hinz schwer, ruhig zu bleiben. Nur zwei kleine Fragen stellte sie ihrem Mann: „Und wer soll das große Auto lenken? Und wo kommt das viele Benzin her, wenn du rumkutschieren willst?"

Nun war Christian Hinz nicht der Mensch, der sich durch Kleinigkeiten aus der Ruhe bringen ließ. Er sah seine Frau lächelnd an und sagte mit Nachdruck: „Du hast wohl ganz und gar meinen Husten vergessen, wie?"

Christiane Hinz weinte hemmungslos auf. Das Schlimmste mußte sie wohl doch für ihren Mann befürchten. Aber der nahm sie nun noch fester in seine Arme und sprach lange auf sie ein. Und sie konnte nichts weiter tun, als zuzuhören.

Und als die Sterne verblaßten und auch der Mond, war Christiane Hinz völlig getröstet. Ihr Mann hatte sie von einer wundervollen Zukunft überzeugt. Sie, die viel bessere Zensuren gehabt hatte als er, würde selbstverständlich den Führerschein erwerben. Und jeden Sonntag würden sie von der großen Stadt Berlin aus ins Grüne fahren.

Immer hatte ja auch sie schon geahnt, daß in den Fernsehstücken etwas fehlte. Es hatte Lachen gegeben und Weinen, dumpfe Schläge gegen Mauerwerk, Gezeter, Geschrei, Gezirpe, Gebrumm und kreischende Autoreifen, wenn die Verbrecher gejagt wurden, aber niemals einen handfesten Husten. Und Christiane Hinz wußte, daß kein anderer Mensch so husten konnte wie ihr Mann. Und dieser Husten würde sich bei Film und Fernsehen und Hörfunk über kurz oder lang in bares Geld verwandeln. Kameramänner und Regisseure, Tonmischer und Autoren würden sich um diesen Husten reißen. Und auch den müdesten Melker, der vor der Fernsehröhre eingeschlafen war, würde dieser Husten allabendlich vom Stuhl hochreißen.

„Das Dorf hat uns beiden zu wenig Glück gebracht", sagte schlicht Christian Hinz zu seiner Christiane.

Es wurde ein wundervoller Morgen: Die laue Luft lag über dem reifen Getreide, und der Wind trug den Duft von Salz und Tang vom nahen Meer zu ihnen in die Wohnstube. Christian und Christiane Hinz hockten dicht beisammen auf dem kleinen Sofa, das Christiane mit in die Ehe gebracht hatte, und ließen ihren Gedanken freien Lauf, malten sich in den verlockendsten Bildern die Zukunft aus. An einem solchen Morgen, nach einer solchen Nacht, durfte man auch singen. Und Christiane Hinz sang mit großer Hingabe: „Wenn in stiller Stunde Träume mich umwehn, bringen frohe Kunde Geister ungesehn, reden von dem Lande meiner Heimat mir, stillem Meeresstrande, dunklem Waldrevier."

Christian Hinz hatte vom Gesang seiner Frau niemals viel gehalten. Aber heute, an einem solchen Morgen, nach einer solchen Nacht, hörte er gerührt zu; denn er wußte ja, daß dieser Gesang für das einfache Gemüt seiner Frau Ausdruck der Freude war. Und doch störte ihn etwas. Durch seine Rührung dröhnte ein Wort, das Wort „Stunde", plötzlich Alarm. „Schon längst drei Uhr vorbei!" rief er, „Frau, ich muß in den Kuhstall, meine Schicht hat längst angefangen!"

Ende des vorigen Jahrhunderts hatte in der Kirche zu Langenbredenhoff herabrinnendes Wasser einige gut erhaltene Fresken aus dem vermutlich 13. bis 14. Jahrhundert an der linken Chorwand freigelegt. Pastoren und Denkmalschützer konnten sich in der Folgezeit nie ganz einig werden, was nun weiter werden sollte: Die einen drängten auf Restaurierung, auf frisch-frohe Ausbesserungen von Adam, Eva, Lämmern und Löwen. Die anderen wollten den Urzustand der Bildwerke belassen. Nicht ganz zu unrecht vermutete Pastor Möllmann noch unter dem Putz verborgen das ganze Paradies. In seinen Mußestunden hatte er schon mehrfach daran gedacht, die Bilder mit eigenen Methoden freizulegen, durch zarte Schläge mit einem Gummihammer, Ultraschall oder ganz schlicht mit einem Wasserstrahl aus dem Gartenschlauch.

Als Pastor Möllmann eines Tages davon hörte, daß

Christian Hinz in der Poststelle des Dorfes so gehustet habe, daß Briefmarken, Münzen und Telegrammformulare durcheinandergeweht waren, faßte er einen genialen Plan. Der Husten von Christian Hinz würde die verdeckenden Schichten der Jahrhunderte entfernen! Das Verfahren war billig, wenig energieaufwendig und bedürfte vor allem keiner Absprache mit dem Amt für Denkmalpflege. Wer konnte es dem Gemeindeglied Hinz verwehren, ein oder zweimal in der heimatlichen Kirche zu husten?

Pastor Möllmann hatte alles organisiert. Und nun mähte er eine kleine Rasenfläche zwischen der Kirche und der Gruft von Graf Charly; denn Christian Hinz wollte unbedingt allein sein, wenn er hustete.

Christiane Hinz aber war ihrem Mann nachgeschlichen, besorgt und neugierig zugleich.

Pastor Möllmann stellte behutsam die Sense gegen eine Weißbuche, als er aus dem Innern der Kirche dumpf hallende Hustenstöße vernahm. Dann bot sich seinen Augen ein Bild des Schreckens: Christiane Hinz kam mit Übergeschwindigkeit durch das Kirchenportal gesaust, ihr folgte ein Fledermausgeschwader, so von fünfzehn bis zwanzig Viechern, zuletzt erschien Christian Hinz.

Weder seine beiden Gemeindeglieder noch die beflügelten Kirchenmäuse konnte der entsetzte Pastor stoppen. Er murmelte: „Neben den Denkmalschützern rücken mir nun auch noch die Tierschützer auf die Pelle. Die einen fotografieren endlos Adam und Eva, und die anderen wollen dann bestimmt die Fledermäuse mit einer Art Eheringen versehen, damit sie sie später wiedererkennen. Ich kann den Museumsdirektor spielen und die Leiter halten."

Die Fledermäuse brachten sich rasch wieder in Sicherheit, sie verschwanden im alten, weitläufigen Park im

Dunkel der Stämme. Christian und Christiane Hinz verschwanden an der nahen Chaussee in der dunklen Höhlung eines Autos, das mit quietschenden Bremsen dicht vor ihnen hielt.

'Merkwürdig', dachte Pastor Möllmann, 'äußerst merkwürdig.' „Ham se schon lange jewartet?" fragte der Fahrer des Volvo mit der Berliner Autonummer.

Christiane Hinz rief aufgeregt: „Sieh sofort nach, Christian, ob eine in meinem Haar sitzt!"

Selbstverständlich saß keine Fledermaus in Christiane Hinz' Haaren, da ja Fledermäuse taktvolle Tiere sind. Aber der Volvofahrer hätte fast das Lenkrad losgelassen ob dieser Begrüßung. Er murmelte: „Icke hab' immer jedacht, solche Extravaganzen ham bloß Filmschaffende druff."

Christian Hinz dachte:'Glück muß der Mensch haben.' Und laut und munter sagte er zum Fahrer: „Nööö, lange gewartet haben wir nicht. Wir sind ganz froh, daß Sie uns mitnehmen bis Berlin."

Christiane Hinz zwitscherte los: „Bis Berlin sind es von uns immerhin gut und gern vier Stunden Bahnfahrt, Sie."

„Naja", sagte der Fahrer bedächtig, „und bis Adlershof isses ooch noch 'ne janze Ecke."

'Glück muß der Mensch haben', dachte Christian Hinz wiederum.

Als der Fahrer nun so dieses und jenes über das Land Mecklenburg-Vorpommern wissen wollte, über Tierhaltung und Ackerbau, antwortete Christian Hinz nur sehr, sehr einsilbig und schwieg schließlich ganz. Sollte er etwa über die Silage und seine aufgeweichten Zigaretten erzählen? Ein Weltstar, ein Fernsehmensch, der konzentriert sich auf seinen Auftritt und verschwatzt nicht die Zeit mit dem Fahrer.

Christiane Hinz bewunderte heimlich ihren Mann. Die Landstraße glitzerte wie grau-blaues Metall in der

Sonne. Und auch der schöne dunkelblaue Volvo glitzerte. Es gab viel zu sehen. Sie hatte überhaupt nicht geahnt, daß Mecklenburg-Vorpommern so groß war.

Und mit feierlichen Gefühlen betrat Christiane Hinz auch Adlershof. Das Studio war verwirrend bunt und großartig. Hastige Leutchen in Arbeitskitteln oder bunten Hemden liefen durcheinander.

Christian Hinz, ruhig und gelassen, zog an der Hand seine Frau hinter sich her und folgte dem Fahrer. 'Wer', dachte er selbstsicher, 'kann schon so husten wie ich. Mein Husten muß in die weite Welt hinausgeballert werden, und auch fremde Völker sollen ihn kennenlernen.'

Christiane Hinz fühlte sich wie im Traum. Tatsächlich schritt sie jetzt mit ihrem Mann in einen altertümlichen Bauernhof, wie es ihn zu Urgroßvaters Zeiten gegeben haben mochte. Da waren Roggenstroh, eine Wasserpumpe und eine ausgestopfte Kuh mit Hörnern. Nie hatte Christiane so eine hübsche Kuh gesehen.

Ein freundlicher Mann mit dunkler Brille sagte hastig: „Wenn Sie nachher geschminkt sind, fangen Sie erst einmal langsam an, als wären Sie zu Hause in Ihrer dörflichen Wohnung."

Christiane Hinz tat soviel Freundlichkeit gut. Wenn bloß ihr Christian sich nicht noch aufregen würde. Der sah ja plötzlich so verschlossen aus. Ob er Angst bekommen hatte? Hoffentlich gefiel den Leuten hier sein Husten …

Um ihrem Mann Mut zu machen, begann Christiane leise das Lied „Wenn in stiller Stunde träume mich umwehn" zu singen. Als sie gerade die Liedzeile sang: „Reden von dem Lande meiner Heimat mir, stillem Meeresstrande, dunklem Waldrevier", stürzte der freundliche Mann mit der dunklen Brille auf sie zu und drückte ihr fest die Hand und flüsterte: „Ganz wunderbar, und nun noch einmal von vorn."

Immer mehr Menschen betraten leise den weitläufigen Raum. Christiane Hinz hatte ihre Person niemals in den Vordergrund gerückt. Nun aber sang sie so laut und so schön wie nie. Und ihr Christian stand neben ihr und schaute sie gedankenverloren an. 'Wenn bloß sein Husten bald kommt', dachte Christiane Hinz. Da legte Christian Hinz plötzlich den Kopf weit nach hinten, und er hustete mit schrecklicher Stimme: „Krah! Krah!" und dann noch einmal ganz jämmerlich: „Krä! Krä!"

Von irgendwoher tönte es aus dem Lautsprecher: „Schluß! Aufhören! Der macht wohl die Krähen vom Alexanderplatz nach! Was soll der Blödsinn!"

Christian Hinz fühlte sich mit sanfter Gewalt gepackt und aus der Tür gedrängt. Draußen vor der Polstertür sank er in einen Sessel. Drinnen aber sang Christiane Hinz bereits die zweite Strophe ihres Liedes. Künstlicher Windhauch fuhr durch das alte Stroh und durch ihr Haar, und hin und wieder senkte die ausgestopfte Kuh ihren Kopf.

Am Berliner Ostbahnhof hielt Christiane Hinz zwei neue Fünfzigmarkscheine in den Händen.

„Unsere Heimfahrt ist gesichert", strahlte sie ihren Mann an.

„Wofür hast du die gekriegt?" fragte mürrisch Christian Hinz seine Frau.

„Na, für die Volkslieder doch, die ich gesungen habe", lachte sie.

„Kannst du dir dafür 'n Haus und 'n Auto kaufen?" fragte Christian Hinz. Dann schimpfte er laut los: „Mit deiner blöden Singerei hast du mir alles vermasselt. Und überhaupt kann hier in dieser trockenen Luft keiner husten."

„Na,siehst du, da hätten wir ohne mein Gesinge nicht einmal das Geld für die Heimfahrt", entgegnete Christiane Hinz leise.

Christian Hinz schimpfte immer weiter: „Das nächste Mal fahre ich mit dem Zug nach Berlin, und zwar alleine."

Im Mitropa-Abteil wurde Christian Hinz nach der zweiten Bockwurst und dem dritten Glas Bier wieder ruhiger. Er dachte fast mit Zärtlichkeit an seine Kühe. Auch an die Silage dachte er, und gern hätte er eine von seinen getrockneten Zigaretten geraucht. Er brummte vor sich hin: „Dieser Volvofahrer hat uns bestimmt in das falsche Studio geschleppt. Die verstehen da gar nichts von Husten."

Christiane Hinz sagte triumphierend: „Und ich fahre wieder mit dem Volvo. Schon in vierzehn Tagen. Die wollen noch mehr Lieder von mir aufnehmen. Der Volvofahrer ist schon in Ordnung. Der hat bloß Langenbredenhoff mit Bredenlangenhoff verwechselt. Dort wohnen auch Volkskünstler, die sollte er abholen."

Christian Hinz winkte ab: „Mach doch, was du willst. Mir reicht's. Und meinen Husten laß ich schon nächste Woche bei Schnelltod auskurieren."

Christiane Hinz wurde eine anerkannte Volkskünstlerin mit vielen Auszeichnungen und Christian Hinz zuletzt ein stellvertretender Abteilungsleiter im Ministerium für Kultur in Berlin. Doktor Düsing in Langenbredenhoff hatte ihm einen Arbeitsplatzwechsel verordnet. Wer nun jeden zweiten Tag hinauf auf den schauerlich staubigen LPG-Schrotboden in Langenbredenhoff mußte, wußte Christian Hinz nicht. Es interessierte ihn auch nicht. Der Husten war weg.

Das Märchen von Siebenpunkt, dem Dackel Hans und dem Nordlicht

Marienkäfer, Sonnenkäfer, Siebenpunkt – so viele Namen hat er. „Siebenpunkt, Siebenpunkt, komm näher, Siebenpunkt, komm näher“, rief Cornelia. Ein kleiner Käfer mit sieben schwarzen Punkten auf roten Flügeldecken kroch über ihren Handrücken. Es war Mittag, und die Schule war aus. Cornelia und Querkopf saßen auf einer Bank im Schatten der großen Linde. Als der Käfer aufflog und sich auf ihrem hellblauen Anorak niederließ, sagte Cornelia: „Er pocht an mein Herz, und ich öffne.“ Sie lachte, weil sie so glücklich war. Es war so schönes Wetter. Die Sonne schien auf alle Blumen im Schulgarten.

Querkopf sagte plötzlich: „Igitt, ein Blattlauskäfer! Ich werde ihn zertreten.“ Er nahm schon Siebenpunkt zwischen seine Fingerkuppen. Als er Cornelias ängstliches Gesicht bemerkte, zog er seine Hand zurück. „Warum heulst du? Hör auf zu heulen. Ich habe ihm ja gar nichts getan.“ Querkopf sprach zögernd und mißmutig. Und er dachte verwirrt und beschämt zugleich: 'Connys Tränen sind wie der Schimmer des Nordlichts über dem Wald, von dem sie erzählt hat. Sie weint silberne Tränen.'

Es tat ihm sehr leid, daß er ihre Freude über den Anblick des kleinen Käfers getrübt hatte. Weil sich Querkopf aber gern als Raufer gab und als Tyrann, vor dem sich alle Mädchen aus seiner Klasse fürchten sollten, sagte er: „Heulsusen sind mir zuwider. Du tust, als ob ich deinen alten Blattlauskäfer bereits zertreten hätte. Hör endlich auf zu heulen!“ Siebenpunkt war auf Cornelias rosarote Zopfspange geflogen. Hier saß er nun wie auf einer Schaukel, und die Sonne lachte ihm zu. Cornelia sang mit kleinen hellen Tönen: „Siebenpunkt, Siebenpunkt, komm näher. Sie..." Querkopf sagte hastig: „Hör auf zu singen. Ich will, daß du mir noch einmal die Geschichte vom Dackel Hans und dem Nordlicht erzählst." Als Cornelia keine Antwort gab, fügte er mit bittender Gebärde hinzu: „Ich werde auch gewiß keinen Siebenpunkt zertreten, wenn du es nicht haben willst."

Cornelia antwortete nach fünf Minuten: „Schwöre bei den sieben Punkten." Und sie zeigte mit ihrer kleinen Hand auf die roten Flügeldecken von Siebenpunkt.

Querkopf brummte, die Hände in die Jackentaschen steckend: „Du bist noch dümmer als Heulsusen, die ich kenne. Ich habe erklärt, daß ich keinen Marienkäfer zertreten will, und Schluß. Was heißt – schwöre bei den sieben Punkten? Schwören soll man überhaupt nicht, sagte Pastor Lüpke im Konfirmandenunterricht."

Weil die Sonne durch die Lindenblätter lugte und weil Siebenpunkt auf Cornelias rosaroter Zopfspange schaukelte, lachten beide Kinder. Sie lachten und lachten, bis ein bunter Vogel kreischend aus seinem Nest aufflog.

Cornelia sah Querkopf an, und Querkopf sah Cornelia an. Dann lachten sie leise, Querkopf sagte: „Du erzählst jetzt die Geschichte vom Dackel Hans und dem Nordlicht, und ich höre dir zu."

Da ließ sich Cornelia nicht länger bitten. Sie erzählte für ihren Schulfreund Karl Mertens, genannt Querkopf, die Geschichte: „Jeden Tag hatte ein altes Fräulein ein kleines bißchen Kaffeeklatsch. Nach dem Klatsch war das Fräulein müde. Der Dackel Hans wurde nur zehn Minuten lang spazierengeführt, länger nicht. Nach dem Spaziergang bekam der Dackel die Kuchenkrümel gereicht, die vom Nachmittag übriggeblieben waren. Der Dackel magerte ab bei dieser Kost, sein Hunger wurde riesengroß. Zuletzt lief er dem Fräulein davon. Er glaubte in seinem Dackelverstand, daß irgendwo in der Welt Fleischstücke und Wurstzipfel an Haustüren hängen oder unter Bäumen liegen. Als ein kleines Mädchen von dem weinenden Fräulein erfuhr, daß der Dackel Hans weggelaufen war, saß es zunächst ganz still. Dann sprang es auf.

'Ich werde den Dackel suchen. Wo sind die Handschuhe?' sagte das kleine Mädchen. In einer Straße mit kleinen schiefen Häusern, die alle zum Fluß hinschielten, fragte es den Rauch, der aus einem bröckligen Schornstein stieg: 'Hast du den Dackel Hans gesehen?'

Der Rauch verkroch sich hinter einer Mauer, weil er so gar nichts wußte vom Dackel Hans und auch nicht trösten konnte. Das kleine Mädchen lief vorwärts. Und es dachte: 'Wie gut, daß ich meine Handschuhe habe. Es ist kalt.'

Als die Straßen zu Ende waren,begann das freie Feld. Die Schneeflocken fielen dichter und verzauberten das Mädchen in einen Eisbären: Mütze, Mantel, Stiefel und Handschuhe waren so weiß wie das Fell des Eisbären. Das kleine Mädchen konnte den eigenen Atem sehen. Der Atem wurde dichter und formte sich zu einem Gebet: 'Lieber Gott, verlaß mich nicht.'

Der Wald begann. Die Tannen standen wie schweigende Regimenter im Frost, lautlos, steif. Das kleine Mädchen konnte nur noch die allernächsten erkennen, so dunkel war es im Wald. Etwas Winselndes kroch auf das Kind zu, drückte sein Schnäuzchen in seine Hand, als es sich danach bückte und mit den Händen zu suchen begann.

'Ich habe dich gefunden', sagte das kleine Mädchen.

Als eine Eule schrie, schaute es suchend in die Runde und fand den Weg nicht mehr und lauschte. Vögel raschelten im welken Laub und allerlei Nachtgetier. Tannenzapfen läuteten wie kleine kupferne Glöckchen. Wie ein zarter kleiner Vogelflügel huschte nun ein Lächeln über die Lippen des kleinen Mädchens. Es hielt den zitternden Hund fest an sich gepreßt.

'Wenn der Mond scheint, dann finden wir den Weg', flüsterte das kleine Mädchen. Aber an diesem Abend schien der Mond nicht. Plötzlich wies ihm ein Nordlicht den Weg zurück. Nie zuvor hatte das kleine Mädchen etwas so Wunderbares gesehen. Das Nordlicht war über dem Wald und über dem weiten Feld.

Die Mutter des kleinen Mädchens hatte Kohlsuppe gekocht mit Fleisch und Kartoffeln. Das kleine Mädchen aß drei Teller Kohlsuppe. Der Dackel Hans fraß sich an Kohlsuppe und Fleisch so satt wie niemals zuvor in seinem Hundeleben. Dann schliefen sie ein. Das kleine Mädchen weinte vor Freude, als es am nächsten Tag erfuhr, daß es den Dackel behalten durfte. Es weinte Freudentränen, und die Tränen waren das Leuchten des Nordlichtes."

Querkopf seufzte laut: „Ist das eine schöne Geschichte!" Er kniff ein Auge zu und lachte leise vor sich hin. Sie gingen durch eine Straße in der Altstadt. An kleinen und großen schiefen Häusern vorbei, die alle zum Fluß hinschielten. Querkopf blieb stehen, schaute zu einem bröckligen Schornstein empor und sagte: „Hier hast du den Rauch nach dem Dackel gefragt, stimmt's Conny?"

Dann bahnten sie sich einen Weg durch eine Menschenmenge, jeder für sich. Auf dem Marktplatz vor dem roten Postamt trafen sie sich wieder. Auf dem gelben Postbriefkasten kroch ein Marienkäfer. Querkopf schrie: „Igitt, ein Blattlauskäfer!"

Er setzte lachend den kleinen roten Siebenpunkt auf Cornelias rosaroter Zopfspange ab. Cornelia flüsterte aufgeregt: „Sieh nur, der andere Siebenpunkt ist ja auch noch da." Auf jeder Zopfspange schaukelte ein kleiner Käfer mit schwarzen Punkten auf roten Flügeldecken.

„Siebenpunkt, Siebenpunkt, komm näher, Siebenpunkt. Sie–ben–punkt ..."

Die Menschen, die vorübergehen, lauschen dem Gesang der Kinder. Dabei gleitet ein Lächeln über ihre Gesichter wie ein Flimmern vom Licht. Sie lächeln, als hätten sie etwas verloren und könnten sich nicht mehr erinnern, was es gewesen ist. Irgend etwas haben die Menschen verloren: Das Nordlicht? Den Siebenpunkt? Oder die Liebe?

„Siebenpunkt, Siebenpunkt, komm näher..."

Die Menschen, die vorübergehen, lächeln. Ihr Lächeln ist wie das Nordlicht, schimmernd.

Vom Aschplatz zum Buchenberg

Die Sonne stand schon ziemlich hoch. Der Wind wirbelte die heiße Asche auf. Sie trieb davon wie Schnee, türmte sich zu Wehen, begrub unter sich zerbrochenes Geschirr, verbogenes Blech, Papier und alte Kleider. Hier, fern der Stadt, auf dem Aschplatz, war weder Baum noch Strauch, kein Schatten, nur diese grelle Sonne über starrendem Unrat, den mehr und mehr die Asche unter sich begrub. Die Asche brannte in den Augenwinkeln, kratzte auf der schweißigen Haut und knirschte zwischen den Zähnen. Das Auge fand nirgends Halt, nur ein alter schwarzer Frack und eine Puppe ohne Kopf behaupteten sich wie zum Hohn in der grauen Masse. Ein Hund jaulte laut und anklagend. Das Jaulen ging in ein Winseln über, dann folgten Jaulen und Winseln im Wechsel, danach nur noch einmal ein tiefes grollendes Knurren.

Platzmeister Kietzmann saß bei weit geöffneter Tür in der Baracke und hatte auf dem unaufgeräumten Tisch sein Kontrollheft aufgeschlagen vor sich liegen. Es war ein kleines Vokabelheft, wie es Kinder in der Schule benutzen, mit zarten blauen Linien und einem kräftigeren roten Längsstrich, der jede Heftseite in zwei Hälften teilt. Wie aus weiter Ferne klangen die Motorengeräusche der Müllautos und die abgehackten Rufe der Fahrer an sein Ohr. Er starrte unablässig auf das vergilbte abgegriffenen Vokabelheft, das ziemlich große, nach innen gerollte Eselsohren hatte. Er neigte dabei den Kopf ganz weit nach vorn und sperrte den Mund etwas auf. Dann begann er, in den Seiten zu blättern, jede einzelne mit starrem Blick musternd. Das Papier war über und über mit Fahrzeugnummern und Kopierstift-Strichen bedeckt, die vor seinen Augen nun mehr und mehr verschwammen.

'Die da draußen hab' ich schon eingetragen. Jetzt sollen sie endlich wieder abhauen mit ihren Müllkutschen', dachte er träge, 'aber sicherlich stehen sie wieder bei dem Hund 'rum.'

Die dicken Kopierstift-Striche in seinem zerfledderten Vokabelheft glänzten goldfarben wie jene kleinen Käfer, die er früher einmal auf irgendeinem Unkraut am Rande des Aschplatzes gesehen hatte. Drei Abende nacheinander hatte er im Unkraut gesessen und nachgedacht und Schnaps getrunken, weil er sich einbildete, daß sie ihn als Platzmeister niemals nehmen würden.

Kietzmann stierte und stierte auf die dicken Kopierstiftstriche, und ein angenehmes Gefühl überkam ihn, aber gleichzeitig fühlte er sich vom Strichemachen auch etwas angegriffen, matt. Oder kam die Mattigkeit daher, daß er sich heute soviel erinnern mußte? Goldfarben glänzten die dicken Graphitstriche im flirrenden Sonnenlicht, das zur Tür hereinfiel. Jedes Müllauto und jedes andere Fahrzeug, das hier auf dem Aschplatz entladen wurde, bekam so einen dicken Kopierstiftstrich auf einer der vergilbten, angeschmutzten Heftseiten des Vokabelheftes. Der Kopierstift hatte sich im Laufe der Jahre zu einem kurzen Stummel abgenutzt und am Mittelfinger von Kietzmanns rechter Hand eine tiefe Kerbe hinterlassen.

Platzmeister Kietzmann nahm das Vokalbelheft von der Tischplatte und hielt es dicht vor die Augen, um die Striche besser sehen zu können. Dabei kamen ihm neue Gedanken: Endlich hatte er den Bescheid erhalten, seine große häßliche Stube gegen eine abgeschlossenene kleine Wohnung tauschen zu können. In dem Haus, in welchem er jetzt noch wohnte, hatte er sich leider keinen Hund leisten dürfen. Die Bewohner dieses Hauses hatten sich noch zu Lebzeiten seiner Frau dagegen ausgesprochen und sogar eine schriftliche Resolution abgefaßt. Kietzmann hörte in Gedanken wieder die heisere Stimme des Mannes von der Wohnungsverwaltung, als dieser ihm die Hundehaltung im Zimmer verbot. Als der Mann wieder weg war, hatte Anschläger Paul Kietzmann eine Fehlschicht. Anstatt Mülltonnen zu kippen oder Container, je nachdem, hatte er Schnäpse gekippt und dann seinen schönen Hund, den er sich damals hielt und den seine Frau sehr geliebt hatte, abgeschafft.

Ein bedrückendes Gefühl beschlich ihn plötzlich. Er war nahe daran, Tränen in die Augen zu bekommen. Aber dann dachte er, das Gefühl der Schwäche und des Bedrücktseins gewaltsam verdrängend: 'Wozu sich jetzt noch daran erinnern, es hat keinen Sinn.'

Kietzmann hatte sich später, nachdem er Platzmeister auf dem Aschplatz geworden war, einen neuen Hund angeschafft, immer wieder neue Hunde im Laufe der Jahre, weil er sich sagte: 'Der Mensch braucht doch etwas, was ihm Spaß macht.' Und Hunde machten Kietzmann Spaß, er hatte es gern, sie in der Nähe zu haben. Und alle diese Hunde hielt er sich hier auf dem Aschplatz, wo ihm keiner etwas reinzureden hatte, wo er sie als sogenannte Wachhunde zu seinem persönlichen Schutz hielt, ohne zu bedenken, daß diese Art der Hundehaltung unmenschlich und grausam war.

Kietzmann öffnete behutsam seine fleischige Hand, betrachtete eine Weile die Kerbe am rechten Mittelfinger. 'Jede Müllkutsche, die hier entladen wird, bekommt so einen fetten Kopierstiftstrich, und da muß ich schon kräftig aufdrücken', dachte er. Dann legte er das Vokabelheft mit dem grau-blauen angeschmutzten Deckel und den riesigen durchgefetteten Eselsohren zurück auf die Tischplatte zwischen leere Brauseflaschen.

Von draußen klangen jetzt keine Laute mehr zu ihm

herein. Kietzmann klappte etwas ungeduldig das Heft zu. Endlich kam Raupenfahrer Schmidt hereingestampft. „Ich dachte schon, Sie wollten heute gar nicht frühstükken", sagte Kietzmann. Wie immer stellte Raupenfahrer Schmidt seinen Kaffeetopf auf die elektrische Kochplatte und machte sich dann an seiner Wachstuchtasche zu schaffen.

„Weshalb sind die Kerle nicht gleich wieder abgefahren mit ihren Müllkutschen? Waren wohl wieder bei dem Hund, was, Herr Schmidt?"

Der Raupenfahrer brummte nur etwas Unverständliches vor sich hin und wickelte seine Stullen aus dem Papier. 'Hat wieder mal schlechte Laune', dachte Kietzmann, 'na, kein Wunder, auf der Raupe draußen bei dieser Hitze.' Laut sagte er: „Wollen Sie auch wieder eine Brause haben, Herr Schmidt? Ich stelle Ihnen eine hin, oder nehmen Sie sich selbst eine. Bezahlen können Sie nachher. Und dann tragen Sie noch Ihre Reparaturstunden ein. Sie hatten wohl zwei, nicht wahr? Immerhin kostet eine Stunde Schieben der Stadtwirtschaft vierzig Märker. Ja, glatte vierzig Mark soll eine Stunde der Stadt wohl kosten."

Der Schweiß rann den beiden über die Gesichter. Raupenfahrer Schmidt goß sich aus einer Blechkanne Wasser ins Gesicht und wischte sich mit einem Tuch ab.

„Es wird immer heißer", sagte Kietzmann.

„Ein nicht gerade lustiges Leben bei dieser Hitze", entgegnete mürrisch der Raupenfahrer.

„Ja," stimmte ihm Kietzmann bei.

„Der Lange, der Beifahrer vom Dicken, hat heute den Hund, die Bianka, mit seinem verdammten Stiefel getreten", begann Raupenfahrer Schmidt zu erzählen. „Wie ich runter bin von der Raupe, um ihm eine zu drücken, sind die Kerle endlich abgefahren. Sie müssen doch auch den Krawall gehört haben, Herr Kietzmann?!"

Doch Kietzmann schüttelte nur den Kopf und wurde jetzt ganz eifrig: „Was ich noch sagen wollte. Sie wissen doch, Herr Schmidt, daß Bianka eine echte Schäferhündin ist? Ja, das ist sie. Ach, was habe ich mit ihr schon alles erlebt. Sie hat mir schon Hasen gerissen, unten auf den Gleisen, und sie bis hier hoch geschleppt, da war sie erst ein halbes Jahr alt. Was glauben Sie denn, was ich mit dieser Hündin für Preise bei Ausstellungen kriegen würde. Aber wissen Sie auch, Herr Schmidt, weshalb ich nicht an Ausstellungen mit ihr teilnehme?" Kietzmann sah lauernd sein Gegenüber an. Raupenfahrer Schmidt wußte das ganz genau und nickte nun ergeben mit dem Kopf. „Die Papiere sind mir leider mal verbrannt. Sie wissen doch, der Stammbaum von Bianka."

Kietzmann seufzte jetzt laut und fuhr dann eifriger fort: „Seit zwei Jahren, Herr Schmidt, ja, seitdem Sie hier auf dem Aschplatz tätig sind, unterhalten wir uns nun schon über den Bau eines Zwingers für die Hündin. Ich wollte die Frühstückspause heute nun benutzen, um mit Ihnen einiges in dieser Richtung zu besprechen. Ein Verwandter von mir hält sich Doggen, mit denen er sich schon viele Preise geholt hat. Der brachte mich da kürzlich auf eine Idee. Das geplante Dach für den Hundezwinger, den ich mir doch bauen will, mag ja ganz gut und schön sein, ich meine auch sehr wichtig, aber nicht minder wichtig ist der Spielplatz vor dem eigentlichen Zwinger. Dort kann die Hündin auch täglich gekämmt und gebürstet werden, wissen Sie, so wie das mit den Polizeihunden immer gemacht wird, und natürlich kann sie sich auch nach Herzenslust austoben. Ja, und im Zusammenhang mit diesem Zwingerbau könnte man auch gleich den Bau einer Wasserleitung vom Kohlenplatz herauf realisieren. Vom Kohlenplatz bis hierher zu uns ist es der kürzeste Weg, ich bin das schon abgeschritten. Der Weg vom Schrottplatz bis hierher zu uns ist sechsundfünfzig Schritt weiter. Ja, und ich sagte wohl auch schon, wie wichtig es ist, daß ein Hund täglich in ausreichendem Maße frisches Wasser erhält. Und der alte Zwinger, mehr ein Verschlag, war ja doch all die Jahre mehr ein Notbehelf für meine Hunde."

Kietzmann verstummte, als er sich durch einen Seitenblick überzeugt hatte, daß Raupenfahrer Schmidt seine Brauseflasche und auch seinen Kaffeetopf leergetrunken hatte und nun teilnahmslos kauend in die Leere starrte. Er war die Reden des Platzmeisters allzusehr gewohnt.

Als Raupenfahrer Schmidt die Baracke wieder verlassen hatte, klappte Kietzmann sein Kontrollheft auf und starrte weiter auf die goldglänzenden Striche auf den schmierigen Heftseiten. Zwischendurch fiel ihm ein, daß der Raupenfahrer das ganze Wasser verbraucht hatte und er heute dran war mit Wasserholen vom Kohlenplatz. „Ich geh' nachher rüber und hol uns eine Kanne voll Wasser", brabbelte er leise vor sich hin, „aber jetzt muß ich aufpassen, was noch kommt."

Ein Kipper voll Erde kam den holprigen Weg heraufgeschaukelt. Raupenfahrer Schmidts Stimme und auch die Stimme des Kipperfahrers waren zu hören und in einiger Entfernung nun auch die Stimme einer Frau. Und zwischendurch Hundegebell. Kietzmann malte mit seinem Kopierstiftstummel einen fetten Strich in eine bestimmte Spalte seines Kontrollheftes.

„Was is'n los?!" schrie er, als Raupenfahrer Schmidt von draußen nach ihm rief. Als keine Antwort kam, beschloß er, aufzustehen und nach draußen zu gehen, das heißt, zunächst blieb er noch sitzen und rückte nur den Stuhl etwa einen halben Meter vom Tisch ab. Dann suchte er seine Mütze zwischen den leeren Brauseflaschen, stülpte sie auf den grauhaarigen Kopf und erhob sich ächzend. Dabei behielt er seinen Kopierstiftstummel fest in der Hand. Jetzt steckte er das Kontrollheft in seine linke Jackentasche und den Stummel in die rechte. „Kontrolle muß sein. Ich muß auch noch die Kubikzahl Erde eintragen", murmelte er vor sich hin. Dann trat er hinaus in den flimmernden Sonnenschein und überblickte die Szene: Der Wind hatte in der Asche hier und da kleine Feuer entzündet. Die Flammen waren im grellen Sonnenschein kaum richtig zu sehen, aber der Rauch biß in die Nase und nahm die Sicht und hüllte die armselige Kreatur von einem Schäferhund ein, der hinter einem niedrigen Drahtzaun stand, an einer Kette befestigt, jedermann zugänglich. Der Hund stand zittern da, und der Geifer floß ihm aus dem Maul. Sein Fell war struppig und verschmutzt. Neben ihm, in einer verdreckten Porzellanschüssel, lagen verschimmelte Brotkanten und faule Orangen.

Raupenfahrer Schmidt war damit beschäftigt gewesen, eine Aschenschwade tiefer ins Erdreich zu drücken. Er hatte die Raupe angehalten, aber den Motor nicht abgestellt, so daß seine kleine schmächtige Gestalt unter den Stößen des schweren Eisenkolosses hin und her zuckte. Er wies auf eine weibliche Gestalt, die sich in der Nähe eines alten Sofas in der Asche zu schaffen machte.

„Eh, Platzmeister Kietzmann, dein Hund hat ja Blut am Fell!" schrie der Kipperfahrer, der eben seine Ladung Erde abgekippt hatte und nun an den rostigen ausgebuchteten Maschendraht herangetreten war.

„Hallo, hallo! So hört doch mal her! Hat einer von euch nicht eine rosafarbene Seidensteppdecke in der Asche gefunden?" rief Margit Segebarth. Sie hatte aufgehört, neben dem alten Sofa in der Asche zu stochern, und sie lehnte sich jetzt abwartend auf den rostigen Lenker ihres alten grünen Fahrrades.

„Was? Eine Seidensteppdecke? Und noch rosafarben? Nee, ist mir nicht aufgefallen", antwortete Platzmeister

Kietzmann etwas grinsend, „aber da ist auch noch ein schwarzer Frack und eine Puppe ohne Kopp. Wollen Sie davon nichts mit nach Hause nehmen?" Er machte eine einladende Handbewegung, aber die kleine Person in den viel zu weiten Männerhosen ließ sich nicht abweisen. Er rief ihr lachend zu: „Na, dann auf Wiedersehn, schöne Frau!" Dann fragte er den Kipperfahrer nach der abgekippten Erde, trug die Kubikzahl in das Vokabelheft ein.

Als der Kipperfahrer abgefahren war, trat Margit Segebarth eilig an die Raupe heran und rief hinauf zu Raupenfahrer Schmidt: „Haben Sie vielleicht eine rosafarbene Seidensteppdecke gesehen?!"

„Was ist los? Eine Seidensteppdecke? Nee, die hab' ich nicht untergeschoben!" schrie Raupenfahrer Schmidt zurück. Und dann lachte er ganz laut und auch etwas hämisch. Margit Segebarth kniff die Lippen zusammen. Sie war aber nicht besonders ärgerlich über die Bemerkungen der Männer hier auf dem Aschplatz, sondern mehr auf sich selbst. Und es war ja auch zu dumm, daß sie ausgerechnet die schöne neue Seidensteppdecke in den Müllcontainer gestopft hatte bei dem Streit mit ihrem Klaus, der nach der schweren Arbeit im Kuhstall wieder einmal seinen Kopf durchsetzen wollte. Ihr Mann war nach Hause gekommen und hatte zunächst, wie üblich, über die beiden kleinen Flugenten genörgelt, die sie sich in der Küche unter der warmen Kochmaschine hielt, mühsam großzog. Dann hatte er Bohnenkaffee gesucht und nicht gefunden, weil keiner mehr im Hause war. Die schöne rosafarbene Seidensteppdecke war ein Geschenk von ihm gewesen, deshalb hatte sie diese, da sie sie gerade in den Händen hielt, voller Zorn in den Container getan. Als nun ihr Ärger, der ohnedies nie allzu lange zu dauern pflegte, wieder verraucht war, wollte sie die Decke wieder herausholen, doch möglichst unauffällig, weil sie sich vor ihrem Klaus etwas genierte. Dann hatte sie die Angelegenheit leider vergessen, und der Container war schneller geleert worden, als sie gedacht hatte. Und nun stand sie hier auf dem Aschplatz, ratlos und etwas verkniffen; die Männer konnten sich über sie lustig machen, soviel sie nur wollten, was sollte sie dagegen wohl tun? –

Plötzlich ertönte ein heiseres Winseln, und etwas stieß gegen Margit Segebarths Hosenboden. Jetzt wollte sie aber tüchtig losschimpfen, denn das war ihr zuviel. Aber schon die erste Silbe blieb ihr im Halse stecken; denn als sie sich umblickte, sah sie in zwei flehende Hundeaugen. Dem Schäferhund standen die Rippen weit heraus, und sein Fell war wohl schon seit langem nicht mehr ausgekämmt worden. Margit Segebarth legte furchtlos ihre kleine Hand auf die Stirn des Hundes. „Wo kommst du denn her, du armes verhungertes Vieh?" fragte sie leise. Der Hund winselte noch lauter und sprang an ihr hoch.

Margit Segebarth hatte ein sicheres Gefühl dafür, wenn es Zeit war zu gehen. Platzmeister Kietzmann und Raupenfahrer Schmidt sahen offenen Mundes hinter ihr her, als sie so plötzlich mit flatternden Hosen auf ihrem knarrenden Fahrrad den holprigen Weg hinunterfuhr, neben sich Bianka. Die Schäferhündin hatte den Schwanz eingeklemmt, und ein Stück Kette schleift hinter ihr her.

„Mensch, Herr Kietzmann, das ist ja Ihre Bianka!" sagte nun Raupenfahrer Schmidt. Dann schrie er plötzlich laut und aufgeregt: „Bianka! Bi–an–ka, komm zurück!" „sehen Sie, die Kette hat nichts mehr genützt, sowenig und soviel wie der Draht ringsherum", erklärte etwas betroffen Platzmeister Kietzmann.

Weit dehnten sich die grünen Felder in der Mittagssonne. Bianka wurde nun müde und glücklich zugleich. Sie kehrte aus Gestank und ätzendem Rauch ins Leben zurück, und ihre ganze Hoffnung war dieser kleine Mensch, diese Frau mit dem knarrenden Fahrrad.

'Was soll ich tun? Ob ich Klaus erzähle, wo ich gewesen bin?' überlegte Margit Segebarth. Und sie sagte sich dann nach einer Weile: 'Ach wozu? Schließlich braucht er ja nicht alles zu wissen...' Dann veränderte sich ihr kleines straffes Gesicht mit den blitzenden braunen Augen, und zwei tiefe Falten erschienen auf ihrer Stirn. Sie wandte ihre Aufmerksamkeit dem Hund zu. „Die Hauptsache ist doch, daß ich dich wieder hinkriege, Bianka. Deine armen Pfoten sind ja ganz blutig. Haben dich etwa die ekligen Ratten vom Aschplatz gebissen? Weißt du was, du legst dich jetzt eine Weile ins Gras und ruhst dich aus. Hinterher geht es dann wieder etwas besser mit dem Laufen."

Das alles sagte Margit Segebarth flüsternd, dann pfiff sie laut durch die Zähne wie ein Junge und wies Bianka an, Platz zu machen. Die Hündin setzte sich auch sogleich gehorsam hin, gähnte und fiel dann hilflos auf die Seite, so schwach war sie nun. Aber schon nach einer Weile erholte sie sich, als ihr ein wundervoller Geruch in die Nase stieg. Es roch nach frischen Gräsern und Kräutern und auch nach Erde und vor allem nach Mäusen und Hasen und sogar ein bißchen nach einem Fuchs, der hier irgendwann vorbeigekommen war. Margit Segebarth legte sich neben die Hündin Bianka ins Gras und dachte an zu Hause: 'Klaus wird vor dem Fernseher sitzen und ungesüßten Kaffe trinken. Bloß weil ihm mal einer erzählt hat, daß Kaffee sehr gesund sei, aber der Zucker im Kaffee so schädlich, trinkt er ihn ungesüßt. Da sieht man wieder mal, was für eine Wirkung die Reden mancher Quatschköppe haben.'

Margit Segebarth richtete sich nun etwas auf und zog

eine Tüte Sahnebonbons aus ihrer Hosentasche. Sie begann, Bonbons zu kauen. „Schläfst du noch, Bianka? Hier ist was Süßes für dich. Na, nimm schon."

Sie drehte langsam ein Sahnebonbon aus dem Papier und schob es ins Hundemaul. Dann sagte sie geheimnisvoll zu der aufmerksam lauschenden Schäferhündin: „Weißt du was? Ich mag die Tierquäler nicht. Nein, Bianka, ich mag sie absolut nicht. Sie könnten in den herrlichsten Häusern wohnen und die größten und buntesten Blechautos fahren und die hübschesten und klügsten Kinder haben, ich mag sie trotzdem nicht. Aber schlimm sind auch die Leisetreter, weißt du? Nein, ich mag diese Sorte ebenfalls nicht; ach, Bianka, das sind diejenigen, die alles sehen und wissen, wenn etwas Häßliches passiert, aber nichts dagegen unternehmen und sich obendrein dann noch gut vorkommen."

Margit Segebarth kaute weiter Bonbons. Zwischendurch leckte sie sich die Lippen ab, dann fuhr sie fort, auf Bianka einzureden: „Weißt du, Biankchen, ich mag diejenigen am liebsten, die etwas tun. Mein Klaus zum Beispiel gehört zu ihnen. Ja, immer wenn es darauf ankommt, etwas zu tun, ist mein Klaus mit von der Partie. Und das ist es auch, was ich an ihm am meisten liebe. Er wankt zwar immer ein bißchen nachts um halb zwei, wenn er aufstehen muß, aber dann reibt er sich kräftig die Stirn und schnalzt sogar mit den Lippen oder pfeift ein kleines Lied vor sich hin, und dann geht's ab in den Kuhstall, Kühe melken und ausmisten, Futter einstreuen. Er redet ja nicht viel von sich selbst, sondern in erster Linie immer nur von den Kühen und der Arbeit im Stall und allen möglichen Dingen, die anders, die besser werden müssen. Und ich höre ihm gern zu und versuche auch, mir alles das, was er sagt, vorzustellen." –

Sie seufzte plötzlich laut. Dann sprang sie auf die Füße, dabei rief sie lachend: „Genug geredet! Auf geht's wieder! Gleich sind wir zu Hause auf dem Buchenberg."

Klaus Segebarth war den Weg vom Buchenberg zur Chaussee schon zweimal hin und her gelaufen. Jetzt erkannte er seine Frau, die mit langen Schritten ihr Fahrrad neben sich herschob. Hinter ihr trottete ein aschebestäubter, großer Köter. „Nanu!" rief Klaus Segebarth seiner Frau schon von weitem entgegen, innerlich froh, daß sie endlich wieder da war, „hast du ein gutes Geschäft gemacht? Die Seidensteppdecke gegen einen Rassehund eingetauscht?!" Seine hellen blauen Augen unter dem wirren Haarschopf blickten dabei so freundlich-keck, daß Margit Segebarth auflachte und sogleich zurückrief: „Der da?! Das ist doch kein Hund, Kläusing, das soll doch erst einer werden, laß mich man machen!"

Und sie dachte jetzt ziemlich aufgeregt daran, was zu Hause alles zu tun sei: 'Zuerst muß ich Bianka mal baden, mit Shampoo. Danach muß ich ihr die Wunden an den Pfoten auswaschen, mit Kamille. Und dann muß ich ihr etwas zu trinken geben, am besten frische Milch, einen ganzen Topf voll. Und dann werden wir alle essen.'

Und schon wenig später drang auf dem Buchenberg aus den weit geöffneten Fenstern und Türen des alten Hauses Margit Segebarths helles Lachen und Biankas aufgeregtes Gebell hinaus in die Felder, bis in alle Welt...

Bubi, der Wampener

Der alte Schwarzkopf saß vor seiner Haustür auf einer Bank und trank seinen üblichen reichlichen Schluck aus der Schnapsflasche, während seine Frau in der Küche lauthals zeterte. Bubi strich um seine Mutter Susi herum, eine weiß-braune kleine Bastardhündin, und schnüffelte eine Weile an den Beinen von Schwarzkopf. Die Beine neben Schwarzkopf gehörten Boldt. Dieser Boldt, den Bubi sonst niemals hier gesehen hatte, war mit der Vorstellung gekommen, Schwarzkopf einen Hund abzukaufen. Bubi fühlte, daß etwas Unangenehmes für ihn in der Luft lag, zumal auch noch die alte Schwarzkopf, mager und graugesichtig, aus der Haustür trat und ihn mit merkwürdig stechenden Blicken beobachtete.

Nun kamen die vier Ösi-Jungen auf den Hof geradelt, und einer von ihnen, Ralf Ösi, beugte sich zu Bubi herab und sagte stotternd zu Boldt: „D–d–der sieht wie'n richtiger D–Dackel aus. Man g–laubt nicht, daß Su–susi seine Mutter ist." Ralf Ösi zeigte mit ausgestreckter Hand auf die Bastardhündin, die sofort, als ihr Name genannt wurde, an ihrer Kette hin und her zerrte.

„Susi, geh in die Hütt'!" kreischte Schwarzkopf. Er setzte die Schnapsflasche an den Mund und trank sie leer. Bubi sah seine Mutter Susi mit eingeklemmtem Schwanz in ihrer Holzkiste verschwinden. So feindlich war Schwarzkopf sonst nicht gegen Susi. Als die Bastardhündin nach einer Weile wieder aus ihrer Holzkiste herauskam, sagte Schwarzkopf zu Boldt: „Du kannst Susi haben, den jungen Hund Bubi behalte ich." Susi, als sie wiederum ihren Namen hörte, wedelte freundlich mit dem Schwanz, aber Boldt, der sich vorgenommen hatte, einen jungen Hund zu erwerben, machte nur eine abweisende Handbewegung und dann eine unmißverständliche Bemerkung über eine andere Bastardhündin, die er kürzlich besessen und dann wieder weitergegeben hatte: „Ja, stell dir vor, fünfundzwanzig Mark hat mir der weibliche Köter eingebracht." Boldt sah alle triumphierend an, aber als weder Schwarzkopf noch die vier Ösi-Jungen etwas dazu sagten, meinte er mit gönnerhaftem Tonfall: „Ah, äh, Schwarzkopf, du bekommst für diesen jungen Hund zehn Mark Schwanzgeld, und obendrein spendier' ich dir noch einen Dreiviertelliter zu sechzehn Mark." Er drehte sich langsam nach der alten Schwarzkopf um, die immer noch im Türrahmen stand, und als diese ihm zunickte, stand er auf, drückte ihr einen Zehnmarkschein in die Hand und gab dann Ralf Ösi zwanzig Mark.

„Fahr hin zu Mausi, Ralf, und hol für Schwarzkopf einen Dreiviertelliter zu sechzehn Mark."

„Was?" fragte Ralf Ösi. „Na, Goldbrand, Braunen!" kreischte Schwarzkopf.

Die vier Ösi-Jungen fuhren lachend und gröhlend auf ihren klapprigen Fahrrädern zum Dorfkonsum und kauften bei der Konsumverkäuferin, die im Dorf nur Mausi genannt wurde, ein. Als sie wieder zurückkamen, sprang Bubi gerade wieder um seine Mutter Susi herum und schnüffelte an den Stellen des Erdreichs vor Susis Kiste, wo er erfahrungsgemäß noch ein paar alte Brotrinden oder Knochensplitter zu finden hoffte. Dabei legte er seine kleinen, wie aus schwarzem Plüsch gemachten Ohren nach hinten, und seine großen braunen Augen sahen Susi mit solcher Eindringlichkeit an, daß sie ihn gewähren ließ.

Der sechzehn Jahre alte Ralf Ösi gab Boldt das restliche Geld zurück und überreichte ihm mit männlichem Getue die Flasche Schnaps. Boldt gab lachend die Flasche weiter an Schwarzkopf, dann packte er mit derbem Griff den jungen Hund und steckte ihn in einen bunten Einkaufsbeutel, den er aus seiner blauen Arbeitsjacke zog. Bubi glitt in dem Stoff hin und her. Er bellte, quietschte, winselte, versuchte sich zu befreien, aber ein langes rotes Papierband vom Strohbinder preßte den Stoff fest über seinem Köpfchen zusammen. Im Handumdrehen hängte ihn einer ans Fahrrad, und los ging eine Höllenfahrt bis ans Ende der Welt. Danach wurde es plötzlich still. Bubi hoffte schon, daß ihm Susi oder Schwarzkopf zu Hilfe kämen, aber das geschah nicht. Vielmehr wurde er von derber Hand aus dem Beutel gerissen, und fremde Gesichter kamen zum Vorschein. Er befand sich auf einem Hof unter einem Pappdach. An einem Bindfaden baumelte ein kariertes Arbeitshemd. Vor einem verfallenen Holzschuppen zwischen allerlei Gerümpel stand ein türenloser Küchenschrank. Boldt band Bubi das rote Band vom Einkaufbeutel um den Hals und befestigte dann das Band an einem rostigen Nagel des türenlosen Küchenschrankes. „So, das ist jetzt deine Hütte", sagte er zu Bubi.

Die fremden Gesichter neben Boldt lachten und verschwanden dann mit Boldt in einem kleinen alten Haus, und alles, was Bubi begriff, war seine Verlassenheit. Mit lautem Wehgeheul und gesträubtem Nackenhaar fuhr er auf den türenlosen Küchenschrank los, aber sobald er merkte, daß ihm der Hals davon zu schmerzen begann, wenn er zu sehr an dem Bindfaden riß, gab er auf. Er legte sich schließlich vor den Küchenschrank und jaulte. Das Schwerste für ihn war nun der Augenblick der Selbstbeherrschung. Es mußte ihm gelingen, die Erinnerung an Susi und Schwarzkopf zu verwinden. Aber für alles Leid dieser Welt gibt es Grenzen, und nach einiger Zeit rumorte die Sehnsucht nach seiner Mutter und Schwarzkopf dermaßen in ihm, daß er lauthals zu heulen begann. Er hätte sich ja irgendwie ablenken und die fremden Gerüche und Fährten hier auf dem Hof prüfen können, aber er achtete nicht darauf. Selbst das klägliche dumpfe Winseln eines eingesperrten Hundes in dem verfallenen Holzschuppen neben dem Küchenschrank, das plötzlich in sein Ohr drang, konnte ihn nicht von seinem großen Kummer ablenken.

Gerade in dem Moment, als Bubi versuchte, den roten Bindfaden, der um seinen Hals geschlungen worden war, durchzubeißen, erschien Boldts Frau. Es kann nun nicht erklärt werden, weshalb ein Lebewesen plötzlich ein anderes Lebewesen liebt, und so erging es auch Bubi. Er sah Boldts Frau ins Gesicht , das ihm näher und näher rückte, und als er ihre leise Stimme vernahm, die zärtlich „Bubi" zu ihm sagte, wurde er lauter Liebe und Unterwürfigkeit. Er wedelte mit der Rute und legte seine Ohren nach hinten und bot nun ganz und gar das hübsche Bild eines kleinen Hündchens, das zum Spielen aufgelegt ist.

„Was bist du für ein niedlicher Köter", sagte Eva Boldt.

Vom Küchenschrank bis zum Boldtschen Haus waren es höchstens zehn Meter. Vor wenigen Stunden war der Hund Bubi auf diesen fremden Hof gebracht worden, aber er wußte schon jetzt, daß es ihm leicht fallen würde, Eva Boldt ein gutes Stubenhündchen zu sein. Und so wagte er sich auch hinein ins Haus. Er biß rasch den Bindfaden durch und rannte los. Oh ja, das war ein gewaltiges Rennen, das Kraft erforderte. Und er wußte auch, noch während er lief, daß er damit Eva Boldts Herz gewinnen könnte. Aber er wußte auch noch mehr. Er kannte das Verbot, ein Menschenhaus zu betreten. Die Lektion stammte noch von der alten Schwarzkopf. Es war die einzige Lektion der alten Schwarzkopf gewesen, ausgeteilt in deren Küche in Form von Schlägen auf den Kopf, die den kleinen Hund am ganzen Körper zittern ließen. Eva Boldt schlug den kleinen Hund nicht, sondern lachte laut, als sie ins Haus eintrat und ihn dort sitzen sah. Und auch die anderen Menschen, die sich im Haus befanden, lachten nun laut. Sie alle lachten auch noch, als Bubi auf Eva Boldts Schoß sprang und sie zu liebkosen begann. Bubi ignorierte aber alle fremden Lacher und fühlte Liebe und Vertrauen nur für Eva Boldt. Dann kamen zwei Ösi-Jungen herein, der vierzehnjährige Olaf und der sechzehn Jahre alte Ralf, und dann begannen alle, Bier zu trinken. Als ihm Ralf Ösi eine halbvolle Bierflasche unter die Nase hielt und losstotterte: „Bu–bi, t–trink", knurrte Bubi.

So ging das nun jeden Tag: Boldt hängte Bubi morgens um vier Uhr, wenn er in den Bullenstall arbeiten ging, an den roten Bindfaden am Küchenschrank, und gegen zehn Uhr, wenn Eva Boldt aus dem Haus trat, biß Bubi den Bindfaden durch und rannte ins Haus.

Nichts von dem, was rings um ihn vorging, konnte er so richtig begreifen. Er wußte nicht, weshalb der andere Hund in dem verfallenen Holzschuppen lebte. Er begriff nicht, warum Boldt so laut schimpfte, wenn er in seinen Schweinestall ging, der sich neben dem Haus befand, warum immer so viele fremde Menschen abends zu Boldt kamen und Bier tranken. Weshalb Eva Boldt jeden Nachmittag mit einem leeren alten Kinderwagen wegfuhr und abends mit einem großen Papiersack voll Brotresten wiederkam, das verstand Bubi. Sie brauchte das alte Brot für die Schweine, die Boldt gehörten, und für die Katzen und für ihn und für den anderen Hund, der im Schuppen lebte. Manchmal erinnerte sich Bubi noch an seine Mutter Susi und an Schwarzkopf, und dann setzte er sich sehr aufrecht vor den alten Küchenschrank und schaute sehnsüchtig die Dorfstraße hinunter.

Das Boldtsche Haus stand im letzten Winkel des Dorfes nahe dem ehemaligen Gutshaus. Früher war es die Gutsschmiede gewesen. Aber das war lange Zeit her, nun schon mehr als fünfzig Jahre. Im Gutshaus, einem schönen roten Klinkerbau mit Weinberankung, lebten heute sechs Familien, unter ihnen auch Frau Hilla Ollasch und Sohn Dietmar. Dieser Dietmar war nun achtzehn Jahre alt und als Kind viele Jahre in einem Heim für schwererziehbare Kinder gewesen. Er arbeitete zusammen mit Breithauer im Kuhstall.

Eines Tages, als Eva Boldt mit ihrem leeren Kinderwagen zum Aschplatz gefahren war und Bubi aufrecht vor dem Küchenschrank saß und die Dorfstraße hinunterschaute, erschien Dietmar Ollasch mit einer kleinen Katze im Arm. Er warf die kleine grau-weiße Katze vor Bubi auf die Erde und sagte: „Faß!"

Die junge Katze miaute kläglich, und Bubi, der überhaupt Katzen gut leiden konnte, denn Schwarzkopf hatte auch kleine Katzen gehabt, tat der Katze nichts zuleide. Im Gegenteil, er wedelte freundlich mit der Rute und begann, die ängstliche Katze zu belecken, war zärtlich wie eine Katzenmutter zu ihr.

„Blödes Vieh!" kreischte Dietmar Ollasch. – Von nun an war Dietmar böse auf Bubi. Immer, wenn die beiden Boldts nicht zu Hause waren, erschien er, um Bubi zu quälen. Von diesen Quälereien schmerzten Bubi schon die Ohren, der Hals und die Zähne. Und seine Angst und sein Haß wuchsen. Sein Groll wurde überdies durch den ständigen Hunger vermehrt.

In Wampen stieg eines Tages Rauch auf. Ein Laubenbesitzer grillte in seinem Garten Würste. Bubi stieg der Rauch in die Nüstern. Das war kein gewöhnlicher Rauch, wie er sonst aus den Schornsteinen der alten Häuser aufstieg und bis hierher drang: Dieser Rauch roch nach Fleisch. Bubi, der bei Eva Boldt nur Wasser, altes Brot vom Aschplatz und höchstens mal einige Wurstreste bekam, beschloß einen Ausflug ins Dorf. Und als er nun auch noch seinen Feind Ollasch ankommen sah, biß er tollkühn den Bindfaden durch und rannte auf den Fleischgeruch zu.

Eva Boldt, die mit allerlei Gerümpel und alten Brotresten vom Aschplatz zurückkam, sah Bubi rennen. Zweimal rief sie ihn mit gebieterischem Tonfall zu sich, aber Bubi hörte sie nicht. Erst vor einem Gartentor nahe dem Bullenstall, unter dessen Dach auch die Wohnung der Familie Ösi war, machte er halt. Er setzte sich unauffällig vor die grün angestrichene Gartenpforte, hinter der es so angenehm nach Fleisch roch, und spähte hindurch. Auf einem schwarzen Eisenrost lagen doch tatsächlich Würste!

Eva Boldt hatte ihren Kinderwagen mit dem Gerümpel stehenlassen. Sie lief ihrem Hund hinterher, der zu ihrem Schrecken in der Kolonie mit den Datschen verschwunden war. Diese Datschenkolonie war erst in den letzten Jahren mitten im vormals einsamen Dorf Wampen entstanden. Ossi Ösi, der Vater der vier Ösi-Jungen,stoppte Eva Boldt. Er sagte: „Rudi Bahlsdorf gibt heute einen aus und grillt Würste für die Traktoristen, weil die ihm die alten Futtersilos, die er der LPG abgekauft hat, für seine Champignonzucht zurechtgemacht haben. Dein Hund läuft da nun hin, weil es nach Wurst riecht." Ossi Ösi trat die Kippe seiner Zigarette mit seinen Gummistiefeln in die Gülle vor seiner Wohnung. „Wenn ich er wäre, würde ich mir eine holen", sagte Eva Boldt, nun laut lachend.

Die Wohnung der Ösis befand sich vor dem Bullenstall, in dem hundert Bullen standen. Der große massive Stall hatte früher zum Gutshaus gehört, genau wie Boldts Haus. Ossi Ösi, seine Frau Inge Ösi und die vier Ösi-Jungen arbeiteten alle im Bullenstall. Hinter dem Bullenstall wohnte Breithauer. Ossi Ösi sagte plötzlich leise mit ängstlichem Tonfall zu Eva Boldt, daß sie besser nicht so laut sprechen solle, weil Breithauer zu Hause sei. Eva Boldt flüsterte nun: „Wieso, hast du immer noch Angst vor dem?" Ossi nickte heftig: „Ja, hab' ich, denn ich kann immer noch nicht richtig sehen und muß eigentlich eine Brille tragen, seitdem mich Breithauer im Winter zusammengeschlagen hat, und meine Frau, na, die hat erst mal, Angst vor dem, seitdem er sie mit dem Kopf in die Wanne mit der Waschlauge untergetaucht hat. Und alles, weil wir ihm gesagt haben, er soll nicht immer soviel Milchpulver bei uns im Bullenstall klauen."

Bubi saß geduldig und unauffällig vor der grünen Gartenpforte. Als er den dicken Rudi Bahlsdorf nun am Gartengrill herumwirtschaften sah, fielen ihm Schwarzkopf und Susi wieder ein. Dieser Bahlsdorf war ja öfter bei Schwarzkopf gewesen, um sich frische Eier zu kaufen. Aber es war jetzt keine Zeit für Erinnerungen. Jetzt hieß es aufpassen!

Fünf Männer standen hinter Bahlsdorf und warteten darauf, daß die Würste gar würden, und einer der Männer sagte laut und dozierend: „Wir Traktoristen haben dir nun Dächer auf die alten Futtersilos gemacht, diese alten Silos hast du der LPG für einen Spottpreis abgekauft. Jetzt sag uns auch genau, was du mit den Silos anfangen wirst."

Rudi Bahlsdorf und die anderen Männer aßen Bratwürste, sogenannte Frische von Fleischer Rische. Kauend erklärte Rudi Bahlsdorf allen seine geplante Champignonzucht. Diese Champignonzucht war sein neuestes geistiges Kind. Bahlsdorf hatte schon viele solcher geistigen Kinder gehabt: So betrieb er einmal eine Schafzucht, ein anderes Mal private Bullenhaltung, und einen Rundfunk- und Fernsehreparaturbetrieb ambulanter Art hatte er auch schon besessen, um nur einige zu nennen.

Als der erste Schub Bratwürste aufgegessen war, spülten die Männer mit Bier und Schnäpsen nach. Bubi sog genießerisch die bratenduftgeschwängerte Luft ein, er beachtete nicht einmal den alten dicken Rolli, Ossi Ösis Kettenhund, der hinter Bahlsdorfs Garten unter einer Pappel döste.

Frau Bahlsdorf, im Gegensatz zu ihrem Mann mager und mit mürrischem Gesichtsausdruck, legte neue Bratwürste auf den Gartengrill, und als die Männer auch den zweiten Schub Würste aufgegessen und wieder kräftig nachgespült hatten, begannen sie laut zu singen. Mit wilden Gebärden liefen sie hin und her und dann hinaus auf das Feld zu den mit den Holzdächern versehenen Futtersilos.

„Seid nicht so laut!" rief Frau Bahlsdorf und legte zwei Bratwürste für sich und ihre Freundin auf den Grill. Und weil sie Lehrerin war und immer wußte, was zu tun war, ging sie den Männern hinterher, um notfalls für Ordnung sorgen zu können, während ihre Freundin, ebenfalls mager und mit mürrischem Gesichtsausdruck, in einem kleinen Holzhaus verschwand, in dem sich ein Herz in der Tür befand.

Das war der Augenblick, auf den Bubi lange geduldig und unbemerkt gewartet hatte. Er schob seinen kleinen Hundekörper vorsichtig durch die angelehnte Gartenpforte und holte sich eine Grillwurst vom niedrigen Rost. Dann biß er hinein. Fettspritzer füllten ihm Maul und Nüstern. Er wußte leider so gar nichts vom Gesetz des Grillens in den Datschensiedlungen der Naherholungsgebiete. Kaum hatte er die Wurst im Maul, ließ er sie im nächsten Augenblick schon wieder fallen. Dann reckte er das Mäulchen hoch empor, um den glühend heißen Fettspritzern zu entgehen. Dabei spie er das wenige heiße Fett, das ihm schon in den Rachen geraten war, lauthals prustend heraus. Nach einer Weile biß er wieder in die Grillwurst, die auf der Erde abkühlte, und dann legte er sich flach auf den Bauch und fraß seine Beute gierig auf. Mit der zweiten Grillwurst ging er dann viel geschickter um. Er zerrte sie vom heißen Rost herunter, ließ sie eine Weile im lauen Sommerwind abkühlen und fraß sie langsam und mit innerer Anteilnahme.

Als nach einer ganzen Zeit Frau Bahlsdorf an den Rost trat und das Fehlen der beiden Bratwürste registrierte, brabbelte sie etwas von Verfressenheit und Vornehmtuerei und meinte damit völlig zu Unrecht ihre Freundin, die sich doch noch immer in dem kleinen Holzhaus mit dem Herz in der Tür befand.

Der Sommer war zu Ende, auf den abgeernteten Feldern, die alle am flachen Boddengewässer endeten, ließen sich Tausende von Wildgänsen nieder. Die grau und grün schimmernden großen Vögel hatten sich diese Felder als Raststätten auf ihrem Flug von Skandinavien nach Westfrankreich, Spanien und Nordafrika ausgewählt; und Bleßhühner, Schellenten, Eisenenten und Trauerenten bevölkerten den Bodden. Das war etwas für die lieben Wampener. Tag und Nacht schossen Männer mit Gewehren nun Wildgänse ab. Die vier Ösi-Jungen liefen mit toten Wildgänsen, die ihnen die Schützen geschenkt hatten, durch Boldts Garten, der unmittelbar an ein Feld grenzte. Bubi hörte Tag und Nacht das laute Geschnatter und den Flügelschlag der Wildgänse. Manchmal sah er verletzte Wildgänse mit roten Blutflecken auf dem schillernden Gefieder zwischen Boldts Grundstück und dem ehemaligen Gutshaus notlanden, hörte ihre Todesschreie, wenn die Wampener sie abstachen.

Einmal gegen Abend riß sich Bubi los und rannte den vier Ösi-Jungen hinterher. So etwas hatte Bubi niemals gesehen: Ein Teppich aus grau und grün schillernden Vögeln bedeckte die Felder. Dann kamen die Männer mit ihren Jagdflinten, ihre Autos hatten sie auf einem Seitenweg nahe Boldts Haus geparkt. Als schon wenige Augenblicke später ein Höllenspektakel losging und

Bubi die aufflatternden Wildgänse vom Himmel herabfallen sah und ihre blutigen Fährten auf der Erde aufnahm, ahnte er, daß auch für ihn hier Gefahr lauerte. Er lief, so schnell er konnte, zurück auf Boldts Hof und setzte sich brav vor den Küchenschrank und wartete auf Eva Boldt. Er wartete aber vergeblich. Später lief er ins Haus. Dort saß Boldt auf einem Stuhl und stierte teilnahmslos vor sich hin. Schmutziges Geschirr und Teller mit Zigarettenkippen und abgebrannten Zündhölzern standen überall herum.

Was im Boldtschen Haus geschehen war, überstieg das Fassungsvermögen eines kleinen Hundes: Eva Boldt war und blieb verschwunden, und damit war die Welt untergegangen, in der Bubi dank ihrer Liebe einen Platz gehabt hatte. Nun würde ihm niemand mehr etwas zu essen und zu trinken geben, niemand würde ihn mehr lieben. Boldt kümmerte sich weder um die immer unruhiger werdenden Schweine im Stall noch um die Katzen und Hund Bubi und Hund Unbekannt. Am vierten Tag des Hungerns und Durstens kam Breithauer, Boldts Nachbar, mit einem Spaten auf Boldts Hof. Er schlug damit auf Bubis Kopf und warf dann den anscheinend toten Hund auf den Misthaufen neben dem Schweinestall, in dem es laut rumorte und quiekte. Danach ging er in den verfallenen Holzschuppen, in dem der unbekannte Hund winselte. Er holte einen Schlüssel heraus, der an der Innenwand hing. Damit schloß er den Schweinestall auf und holte Boldts kleine magere Schweine heraus und steckte sie in einen Sack. Dann warf er sich den Sack über die Schulter, packte den Spaten und ging wieder.

Der kleine blutende Hund Bubi, der an seiner Kopfwunde litt, mußte alles mitansehen, was dann noch weiter geschah: Gegen Abend erschien Breithauer noch einmal, ihm folgte auf dem Fuß sein Freund Ollasch mit einem Beil in der Hand. Das Schmatzen der Gummistiefel im Schlamm steigerte den Schmerz in Bubis Kopf fast ins Unerträgliche. Als es im Holzstall laut aufjaulte und danach neben ihm in den Mist plumpste, wußte Bubi, daß das der unbekannte Hund war, den die beiden soeben totgeschlagen hatten.

Wenn der Schmerz ein gewisses Maß übersteigt, schenkt Gott, der alle Kreatur geschaffen hat, die Ohnmacht. Und Bubi wurde nun ohnmächtig.

Welch ein schrecklicher Platz war doch dieser Misthaufen vor Boldts Schweinestall. Als Bubi aus seiner Ohnmacht wieder erwachte, lag er immer noch auf der blutenden Kopfwunde und konnte sich vor Schwäche nicht neinmal auf die Seite drehen, um vielleicht dadurch etwas Linderung zu erhalten. Dazu kam der qualvolle Durst, der ihn zu töten drohte. Fieberschübe jagten durch seinen Körper und grasten jeden Millimeter Hundeleben ab. Die Luft war ringsum erstickend durch den feuchten schweren Dunst, der aus dem Stallmist aufstieg. In der Ferne hörte Bubi kreischende Stimmen. Breithauer zankte sich mit dem Kreistierarzt Gustavs. Dieser Gustavs wollte die Schweine von Boldt nicht impfen.

„Das sind doch überhaupt nicht deine Schweine“, schrie Kreistierarzt Gustavs. „Dann hau' ich die Sauviecher mit dem Beil vor den Kopf und steck' sie ungeimpft in die Pfanne!“ schrie Breithauer mehrmals. Ossi Ösi sagte erklärend: „Boldt hat doch Schulden bei Breithauer.“ Seine Stimme klang undeutlich und ängstlich. Er wollte kein Zeuge für den Streit zwischen Breithauer und Kreistierarzt Gustavs sein.

In der Nacht, als es etwas kühler und endlich ruhig geworden war, fuhr langsam ein Auto vor, und eine Frau stieg aus. Sie kam mit einer prall gefüllten Einkaufstasche auf den Hof. Als sie den halbtoten kleinen Hund liegen sah, der sich noch regte, bahnte sie sich einen

Weg über allerlei Unrat. Sie tat das, obwohl ihr das Herz vor Angst bis zum Halse schlug. Ja, sie hatte Angst vor den Wampenern. Schon immer hatte sie vor ihnen Angst gehabt, besonders vor den Schlägern Breithauer und Dietmar Ollasch.

Einmal war sie mit ihrem Mann nach Wampen gefahren. Beide wollten an diesem Tag das Nützliche mit dem Angenehmen verbinden. Sie gingen nach erledigter Tierschutzarbeit über den Wampener Deich Richtung Strand. Zuvor hatten sie auf einer Tafel mit verblassender Schrift gelesen, daß das Spülfeld Wampen einen „einzigartigen Bestand an bedrohten Pflanzen und Tieren" habe. Im Text hatte es weiter geheißen: „Auf den Sandflächen brüten 10 Paare Sandregenpfeifer, 154 Paare Zwergseeschwalben und 2 Paare Austernfischer."

Weit dehnte sich der zartblaue Bodden. Die Wasserfläche verlor sich am Horizont oder war blau-violett vom Ludwigsburger Wald begrenzt. Auf langen schmalen Sandbänken im flachen Boddenwasser brüteten viele Wasservögel. Beide bewunderten die Landschaft. Doch plötzlich sahen sie etwas Schreckliches: Ein junger Mann in Badehose, sein Söhnchen an der Hand, schritt auf die Sandbänke los. Er jagte die brütenden Vögel von den Nestern, nahm ein Ei auf und zeigte es seinem Kind. Die Autofahrerin weinte, ihr Mann schimpfte laut, und mit der Erholung war es vorbei. Jetzt, in der Nacht und allein, hatte die Autofahrerin besonders große Angst, daß man sie entdeckte. Sie hatte erfahren, daß Eva Boldt wieder einmal ihren Mann verlassen hatte, und nun wollte sie die zurückgebliebenen Tiere füttern und tränken, das eine oder andere Tier vielleicht sogar mitnehmen. Nun lebte nur noch Bubi.

Manchmal wunderte sich die Frau über sich selbst, daß sie immer wieder Kopf und Kragen riskierte, um einer gequälten Kreatur beizustehen. Schon immer hatte sich die Frau gefragt, wer denn eigentlich ihr Nächster sei. Vielleicht war ihr Nächster jede Kreatur, die Schmerz empfand und der keiner half. Menschen konnten von Menschen Hilfe erwarten, Tiere fast niemals. Wer denkt schon an das Leid der Tiere angesichts der Leiden der Menschen in den Kriegen vom Altertum bis zum Atombombenabwurf auf Hiroshima und Nagasaki. Immer waren die Tiere mitbetroffen.

Die Frau trug den blutenden Hund zum Auto und legte ihn vorsichtig auf den Rücksitz. Und Bubi, dieser tapfere kleine Hund, würde am liebsten noch gebellt und sich gewehrt haben, hätte am liebsten noch im Sterben sein treuloses Frauchen und seinen Herrn verteidigt, wäre er nur dazu imstande gewesen. Aber er konnte ja nicht einmal den Kopf heben, als die fremde Frau sich über ihn beugte.

Wendelin, genannt Wenni, war ein Stallarbeiter in Grüttow, zu dem die Autofahrerin den fast zu Tode gequälten Hund fuhr. Er bewohnte ein altes Haus, das mit Schrauben und Werkzeugen angefüllt war. Er war Bastler und hatte es eines Tages für gut befunden, sein Bastelzeug nie wieder wegzuräumen. Neben einem Haufen alter Schrauben wurde Bubi nun gelagert

Wendelin, klein und von gedrungener Gestalt, mit fragendem Gesichtsausdruck, schaute mit halb offenem Mund zu, wie die Frau, die den Hund im Auto gebracht hatte, ein weiches Lager auf einer Gardine zubereitete. „Und wie heißt der Hund?" fragte er leise. „Bubi", sagte heftig die Frau. Sie rannte zum Auto, um die Tasche mit Lebensmitteln, unter anderem ein Schraubglas mit Suppe, zu holen. „Ist das nötig?" fragte Wendelin. „Ja", antwortete die Frau. „Das ist für dich und für Bubi. Bargeld kann ich dir nicht geben, weil du dir sonst wieder Schnaps kaufst." „Möglich", sagte Wendelin sehr höflich und blickte voll Anteilnahme auf den stöhnenden Hund.

Doch dann entlockte er seinem Kofferradio ein grelles Geschrei. Dieses Geschrei schmerzte laut in Bubis Ohren. Er begann, noch lauter zu stöhnen. „Mach die Kofferheule aus und kümmere dich um den Hund, ich muß jetzt wieder zurückfahren", sagte die Frau. Sie gab ihm die Hand, und Wendelin gehorchte ihr, ja, man könnte behaupten, daß er ihr sogar mit großer Freude gehorchte, denn sie war immer wie eine Schwester zu ihm gewesen. Auch wenn er mitunter betrunken gewesen war und seinen Dienst im Bullenstall nicht mehr versehen konnte und deshalb keinen Lohn erhalten hatte, war sie für ihn dagewesen. Sie hatte ihm dann etwas zu essen gebracht.

Wendelin arbeitete wie Boldt und Ossi Ösi in einem Bullenstall, und er konnte wie diese weder lesen noch schreiben. Aber wie man mit Tieren umgeht, darauf verstand er sich besser als sonst jemand.Und so schritt er auch sofort, kaum daß die Autofahrerin vom Hof gefahren war, zur Tat. Er gab dem ausgetrockneten fiebernden Hund reichlich frisches Wasser zu trinken, und mit dem Wasser strömte das Leben in Bubis Körper zurück. Dann säuberte er vorsichtig Bubis Fell, ohne die Kopfwunde zu berühren. Das hatte die Autofahrerin so angeordnet. Beruhigend sprach Wendelin auf den kleinen Hund ein, und als dieser sich etwas erholt hatte, gab er ihm ein wenig Leberwurst und ein paar Stückchen gekochte Kartoffeln zu fressen.

Am nächsten Abend kam die Autofahrerin wieder. Dieses Mal hatte sie ihren Mann mitgebracht, einen Arzt. Beide waren von der langen Tagesarbeit müde und abgespannt, aber auch in Sorge um den verletzten Hund. Eigentlich hatten sie es sich zu Hause gemütlich machen wollen, doch dann waren sie noch die vierzig Kilometer lange Strecke gefahren, und nun war es auch sehr schön, vor Wendelins Haus unter dem spätherbstlichen

Sternenhimmel zu stehen. Es verging eine ganze Weile, bis Wendelin in seiner Tür erschien. „Na, ihr Nachtvögel, wo kommt ihr denn noch her?“ rief er lachend. Die Autofahrerin fragte aufgeregt: „Lebt Bubi noch?“ Als Wendelin nickte, fragte sie weiter: „Wirst du ihn durchbekommen?“ Wendelin grinste und schwieg. Dann sagte er: „Ich hab' schon manchen Hund großgekriegt. Bei dem Schmiß am Kopf kann man's aber nicht genau wissen, doch möglich, öfter ja.“

Die Kopfwunde sah schlimm aus, sie eiterte, Bubi lag wieder ganz apathisch da. Obwohl Wendelin weder lesen noch schreiben konnte, kannte er sich doch mit Zahlen sehr genau aus. Die Autofahrerin beschriftete kleine Zettel mit Uhrzeiten und legte gelbe Kapseln auf die Zettel. „Es ist ein Anbruchmedikament, für Menschen nicht mehr geeignet“, sagte der Mann, als ihn Wendelin fragend ansah.

Nun begann ein harter Kampf um Bubis Leben. Am dritten Abend kam sogar Kreistierarzt Gustavs mit. Er gab Bubi eine Streptomycin-Spritze. „Möglicherweise reichen die OTC-Kapseln nicht aus, aber sie müssen unbedingt weiter gegeben werden.“

Schon eine Woche später eroberte sich Bubi, der Wampener, die Welt rings um Wendelins Haus in Grüttow. Was gab es da nicht alles zu entdecken. Vorn am Hausgiebel lebte eine kleine Schäferhündin, die genau wie Bubis Mutter Susi hieß. Dann gab es einen dingobraunen, sehr alten Hund namens Lux, der ab und wann umfiel und eine Art Schüttellähmung hatte, und es gab den jungen Schäferhund, der wie Wendelins Nachbar Theo hieß.

Wendelin lebte zusammen mit seinen Tieren, und sein Haus war eigentlich nichts anderes als ein Tierasyl, in dem es auch viele Katzen gab. Die Katzen hatten allesamt Menschennamen. So hießen zwei Katzen nach

Wendelins verstorbenen Schwestern Gerda und Ruthchen. Nach den beiden lebenden Schwestern, zu denen Wendelin aber keinen Kontakt hatte, hießen zwei andere Katzen Margot und Helga. Und dann gab es noch den grauen Kater Käti, den schwarz-weißen Kater Fridolin und den roten Kater Poldi.

Jedermann im Dorf und auch die Autofahrerin wunderten sich, daß Wendelin eine so merkwürdige Art hatte. Es ist ungewiß, ob seinen Eltern der Name Wendelin einfach nur so gefiel oder ob sie dabei an den Einsiedlermönch Wendelinus, Patron der Hirten und Herden, gedacht hatten oder an die Wenden.Tatsächlich schien er ein direkter Nachfahre der Wenden zu sein, denn er war, wie gesagt, klein und gedrungen, und ein Mittelscheitel, wie ihn die Wenden trugen, hätte gut zu ihm gepaßt.

Die heidnischen Wenden besaßen bunte, kunstvoll geschnitzte Tempel aus Holz und Opfersteine mit Blutrinnen. Sie hatten Tiere als göttlich verehrt und hielten sich schwarze Pferde als Wahrsager, aber auf den Opfersteinen hatten sie auch brutal die als göttlich verehrten Tiere geschlachtet. Lebte im tiefsten Wesen Wendelins etwas von seinen Vorfahren nach?

Einmal hatten die Autofahrerin und ihr Mann die Ritzzeichnung eines wendischen Pferdchens auf einer Steinplatte fotografiert. Bevor das liebenswürdig-heitere kleine Pferdebild zutage trat, mußte die Frau die Steinplatte gründlich abscheuern. Und so erging es ihr mit Wendelin: Es war, als müsse sie jedes Mal von neuem mehrere Schichten von Wendelins Seele kratzen, ehe ihr diese wieder zugänglich wurde.

Es gab Tage, an denen er der beste Freund seiner Tiere war. An solchen Tagen holte er sogar seinen Lieblingsbullen aus dem Bullenstall der LPG und ging mit ihm wie mit einem Hund im Dorf spazieren. An solchen

Tagen belustigte er sogar die Schweine im LPG-Stall. Dann schoß er Kobolz zwischen den vielen Borstentieren, zog sie laut lachend an den Ohren und wäre am liebsten auf ihnen davongeritten. Weil ihm ein Bulle aus lauter Liebe und Vergnügtsein auf die Schulter gesprungen war, hatte er inzwischen einen Schonplatz imSchweinestall der LPG erhalten. Und wenn die zweihundert Schweine ihren Wenni erblickten, schrien sie laut und ohrenbetäubend, und man wußte nicht genau, ob es nun vor lauter Freude oder vor Hunger und Durst war; denn an manchen Tagen, und das war immer dienstags und donnerstags, wenn das Konsumauto mit Schnaps und Bier ins Dorf kam, fütterte er überhaupt nicht. Dann mußte der LPG-Vorsitzende selbst füttern. Und wenn der Vorsitzende zu ihm sagte, er solle das nächste Mal den Schweinen mehr Stroh einstreuen, meinte er keck: „Was ich in den Stall hereinbringe, das muß ich auch wieder herausbringen", denn er war nicht sehr fleißig.

Zu Hause hielt es Wendelin nicht viel anders. An manchen Tagen kaufte er für seine Katzen eine ganze Kiste Sprotten oder Bücklinge, manchmal sogar Silberkarpfen, und ließ alle Katzen nachts in seinem Bett schlafen. Wenn er aber Schnaps getrunken hatte, ließ er alle Tiere hungern, schlug die Katzen mit einem dünnen Stock und zog mit den Hunden laut gröhlend durchs Dorf. Er raste entfesselt durch Grüttow. Dabei trieb er die Hunde mit Fußtritten und wildem Geschrei vor sich her. Er nahm alle Hunde mit. Manchmal zerrte er sogar noch den kleinen Hund des Nachbarn Theo von der Kette und nahm ihn mit. Manchmal holte er sich den teuren Sporthund von Herrn Lieseken, den er immer Isegrimm nannte, aus dem Zwinger. Kam Wendelins wilde Jagd auch zu Anni Rosentreters altem Haus, schrie er wohl aus Leibeskräften: „Anni, komm raus aus deine Buchten! Ich tu' dir nischt!"

Erschien endlich die dicke Anni Rosentreter, die schon fünfzig Jahre lang in Grüttow wohnte, in ihrer Haustür, hörte er auf zu schreien. Er lief nun wie aufgezogen und mit hochrotem Gesicht in ihren Holzstall, holte ihr Holz und Kohlen heraus und knallte ihr die Eimer vor die Füße. Einmal riß er eine lange Leiter vom Schweinestall der LPG, der sich in unmittelbarer Nähe befand, und kletterte auf Anni Rosentreters Dach. Er holte einen großen Kochtopfdeckel aus dem Schorsteinkopf.

Anni Rosentreter band ihr Kopftuch noch fester um ihr großes, weiches Gesicht und sagte kichernd wie ein ganz junges Mädchen: „Weernii, waart eins, ich hol' dir noch was zu trinken. Wie bin ich froh, daß ich nu wieder heizen kann. Als mein Ofen nicht so richtig zog und die Stube so vollblakte, dachte ich schon daran, daß mir wieder einer einen Streich gespielt hat. Immer wieder steckt mir wer so ein verflixigten Deckel in den Schornstein." Anni zeigte mit ihrem kurzen, dicken Daumen auf ihr Hinterhaus, und Wendelin wußte, wer gemeint war. Dort wohnte ein junger Mann mit Frau und Kind. Der hatte seinen kleinen Hund in einen Stall gesperrt und verhungern lassen. Wendelin drohte mit erhobener Faust nach dem Hinterhaus und schrie: „Komm doch raus, du Feigling!" Anni Rosentreter lachte schrill.

Wurde Wendelin vom LPG-Vorsitzenden aufgefordert, weniger oder milderen Schnaps zu trinken, brüllte er los: „Arschloch! Ich brauch' Vierzigprozentigen, sonst klopft es nicht hier oben!" Und dabei tippte er sich mit dem Zeigefinger an die Stirn.

Bubi, dem Wampener, gefiel diese unregelmäßige Lebensweise nicht besonders, aber es war immerhin besser, als heimatlos zu sein. Der Winter war hart, und Wendelins alte Kochmaschine bot ihm und den Katzen ein warmes Plätzchen. Und dann waren ja noch die

Sonntage da. An den Sonntagen kam die Autofahrerin und brachte für alle etwas zu essen mit, und wenn es nicht stark schneite oder allzu stürmisch war, liefen alle hinaus in die Felder. Wendelin nahm manchmal seinen großen selbstgebauten Drachen mit und die Autofahrerin fast immer ihren Mann und ihren eigenen kleinen Hund.

Es gab nur elf Häuser in Grüttow, Wendelins Haus lag am Ende oder am Anfang des Dorfes. Da das Dorf zwei Zufahrtswege besaß, sagten die einen, und zu ihnen gehörte auch der LPG-Vorsitzende, Wenni wohne im ersten Haus. Die anderen, und zu ihnen gehörte die Postfrau, die es von Amts wegen besser wissen mußte, nannten es das vorletzte Haus, denn gegenüber dem Melkstand der LPG stand ja noch ein Haus; in dem lebte im Sommer ein Anklamer Imker. Hinter Wendelins Haus begannen schon die Felder und Wiesen, die alle an der Peene, dem großen, sanften Fluß, endeten. Alles hier erinnerte Bubi, den Wampener, an Eva Boldts Haus. Es roch hier auch nach Schilf und nach Wildgänsen. Mitunter schlich er sich unbemerkt davon, und es machte ihm großen Spaß, die Wildgänse, die sich in den weiten Flußwiesen niedergelassen hatten, aufzuscheuchen. Manchmal sah er ihnen lange nach, wenn sie davonflogen. Er lief auch gern den Hasen hinterher, und manchmal kroch er in einen dicken klaffenden Weidenstamm hinein und schreckte einen Igel auf, der hier unter Laub und vertrockneten Gräsern den Winter verschlief.

Und immer kam er wieder zurück nach Grüttow. Und wenn er dann müde und hungrig durch die Felder trottete und Wennis altes Haus mit dem herausgebrochenen Mauerdreieck im Giebel auftauchen sah, hegte er nur den einen Wunsch, in Wennis Küche hinein zu dürfen, und rief Wenni ihm dann zu: „Hallo Papagei, komm herein!" war der Tag ein guter Tag gewesen. Öffnete versorgte ihn, um der Autofahrerin einen Gefallen zu tun.

Der Verschlag mit den drei Federtieren in Wennis alter Scheune ging Bubi nicht mehr aus dem Sinn. Eines Tages fuhr Wendelin auf seinem merkwürdigen Fahrrad, an das er allerlei An- und Aufbauten montiert hatte, unter anderem einen selbstgebauten Handantrieb, zwei Ketten und drei Klingeln, zum Ambulatorium ins Nachbardorf Stolpe. Er wollte heut seinen ärztlich verordneten Schonplatz im Schweinestall der LPG loswerden. Er wollte wieder im Bullenstall arbeiten, weil ihm das mehr Lohn brachte. Als er zurück kam, holte er Kohlen aus der Scheune und ging damit ins Haus. Die Scheunentür ließ er offen. Da schlich sich Bubi unbemerkt in den dunklen Verschlag und lockte die drei alten Federtiere, die dort um den Wasserbehälter gehockt hatten, mit kleinen, hellen Belltönen ins Freie.

Da standen sie nun im grellen Tageslicht, das sie seit mehr als zehn Jahren nicht mehr gesehen hatten, und wußten nicht wohin. Doch plötzlich flatterte der Erpel unbeholfen los. Huhn und Ente folgten ihm mit kurzen aufgeregten Schreien. Bis in Wendelins Küche drangen ihre Schreie. Da schwang sich Wendelin an diesem Tag ein zweites Mal auf sein Fahrrad und fuhr wiederum nach Stolpe, dieses Mal mit großem Geklingel seine Vögel verfolgend. Schnell kam er im Schnee nicht vorwärts mit seinem Fahrrad. Aber die alten, unbeholfenen Vögel waren ohnehin bald erschöpft. Den Erpel fand er im Mittelgang der Klosterruine und Huhn und Ente auf dem eisernen Tor vor der Wartislaw-Kirche. Er steckte alle drei in einen Sack, den er auf seinem Spezialgepäckträger festband. Bubi wartete inzwischen ängstlich auf eine Bestrafung, aber zum Glück blieb diese aus. Wendelin war zum Basteln aufgelegt. Er hatte auf der Rückfahrt neben einer wilden Mülldeponie im

Schnee Folienmaterial gefunden. Daraus fertigte er nun Umwickelmanschetten für eine elektrische Leitung. Die drei Vögel waren wieder in ihrem Verschlag.

An diesem Tag war Bubi noch einmal davongekommen, die Bestrafung war ausgeblieben. Aber es folgten noch viele Tage, darunter viele Dienstage und Donnerstage. Dann stand das Konsumauto im Dorf, wie immer mit langen Würsten, die zu den Daseinsfreuden Bubis gehörten, aber auch mit Schnapsflaschen. Die großen weißen Flaschen mit den blauen Etiketten, auf denen eine Schneeeflocke riesengroß abgebildet war und Kristall-Wodka geschrieben stand, waren für Bubi die Katastrophe. Reichte Wendelins Geld für solch eine Flasche, trank er sie am selben Tage aus. Und dann erinnerte er sich wieder an Bubis Vergehen und an die Enten- und Hühnerjagd in Stolpe. Und dann gab es Fußtritte und Prügel für Bubi.

Eines Tages im April hatte Bubi dieses Leben bei Wendelin gründlich satt, zumal nun auch der Winter vorbei war und frühlingshafter Duft über den Feldern und Wiesen lag. Er lief an den Fluß und setzte sich so dicht ans Ufer, daß ihm das sanfte grün-schimmernde Wasser die Pfoten benetzte. Hier sah ihn der LPG-Vorsitzende, der auf dem Weg zur Jagd im Flußwald war. Der Vorsitzende ging zunächst gleichgültig an ihm vorüber und tat so, als ob gar kein Hund da sei. Aber dann kam er wieder zurück und lockte ihn mit Zungenschnalzen zu sich heran. Da Bubi diesen Vorsitzenden kannte und für eine Respektsperson hielt, gehorchte er, wenn auch zögernd. Er erwartete Hilfe und Freundlichkeit, er vertraute dem ruhigen, sachlichen Wesen dieses Menschen. Vielleicht hatte dieser Vorsitzende etwas Freßbares für kleine Hunde in seiner ledernen Jagdtasche. Aber der Vorsitzende hatte etwas ganz anderes mit Bubi vor. Jeder herumstreunende Hund konnte für das jagdbare Wild gefährlich werden. Und weil er das als Mitglied eines Jagdkollektivs so sah, sagte er nun auch versonnen zu Bubi: „Ich will dich besser im Flußwald erschießen, bevor du noch etwas anstellst. Wenni hat überdies viel zu viele Hunde."

Diese Rede brachte er mit seiner gewohnten ruhigen Stimme vor, die immer und überall Vertrauen einflößte, aber ganz wohl war ihm bei seinem Vorhaben dann doch nicht. Bubi wedelte freundlich mit der Rute und legte seine hübschen kleinen Ohren nach hinten, und der Vorsitzende verlor endgültig die Lust, ihn zu erschießen.

Vor einiger Zeit hatte er davon gehört, daß es in der nahegelegenen Universitätsstadt eine sogenannte Hundeklinik gäbe, wo Hunde angekauft wurden. Alle diese Hunde dienten der Wissenschaft. Der Vorsitzende setzte den Hund in den Kofferraum seines Autos, und wieder einmal begann für Bubi eine große Dunkelheit, die im schneidend-grellen Licht eines Versuchstierstalles endete. Dazwischen war eine trostlose Nacht des Angebundenseins zwischen einem Misthaufen und einem Kistenstapel vor dem Stall gewesen. Der Vorsitzende selbst hatte ihn hier angebunden und dann verlegen seine zwanzig Mark, den Preis für Bubi, eingesteckt.

Der Versuchstierstall war ein schmales altertümliches rotes Backsteingebäude hinter der Chirurgischen Klinik. Bubi wurde von einem Mann im grauen Kittel zu einem anderen Hund in eine Box gesperrt und wartete nun im Halbdunkel. Es gab hier viele Hunde, die alle auf irgend etwas warteten. Jede Woche kamen von weither neue Hunde in Kisten an. Diese Hunde waren vom Transport völlig erschöpft. Auf den Kisten klebten bunte Zettel, auf denen mit blauen und roten Buchstaben „Medizinische Tiere im Dienst der Volksgesundheit" und „Vorsicht! Lebende Tiere" geschrieben stand. Es war eine völlig neue Welt, in die Bubi nun geraten war.

sich Wennis Tür aber nicht, mußte er sehen, wie er zurechtkam.

Einmal bei Schneesturm verkroch er sich in Wendelins halb zerfallener Scheune, und dabei entdeckte er in einem dunklen Holzverschlag ein Huhn und zwei Enten. Die Tiere hockten auf einer dicken Eisenstange und sahen zu ihm herab, und er, der doch meinte, alles in und um Wendelins Haus erkundet zu haben, begann, aufgeregt zu bellen. Das Bellen sollte die vermeintlichen drei Fremdlinge verscheuchen. Aber das dicke schwarze Huhn mit den verkalkten Beinen rührte sich nicht, und auch die beiden Flugenten, die so lange und dünne Hälse hatten, daß es aus Bubis Perspektive aussah, als schwebten ihre Köpfe mit den blaß-gelben Schnäbeln frei im Raum, verharrten regungslos. Plötzlich erschien Wendelin neben Bubi, er fragte erstaunt: „Wozu soll das gut sein, Bubi? Warum bellst du so laut?" Wendelin hatte soeben seinen Rausch ausgeschlafen und wollte nun den drei alten Vögeln, die seiner vor zehn Jahren verstorbenen Mutter gehört hatten, etwas Schrot zum Fressen hinstreuen. Aber Bubi bellte immer weiter, und erst als Wendelin ihn anbrüllte: „Bubi, ab in die Küche, Wurscht essen!" hörte er auf zu bellen.

In der schwarzgeräucherten Küche suchte sich der kleine frierende Hund zwischen rostigen Schrauben, leeren Konservendosen und Bergen von altem Einwickelpapier einen Platz neben der warmen Kochmaschine. Hier wartete er unterwürfig, bis ihm Wendelin einen Blechnapf mit gekochten Kartoffeln und Wurststücken hinstellte. Die beiden Katzen Margot und Helga saßen oben auf dem alten Küchenschrank und sahen ihm interessiert beim Fressen zu. Die Katze Ruthchen war krank und lag mit eitrigen Augen und struppigem Fell teilnahmslos auf einem Hocker neben der warmen Herdplatte. Wendelin liebte den kleinen Wampener nicht allzu sehr, aber er

Einmal am Tag wurde den Hunden Futter gebracht, es waren Küchenabfälle von den Stationen der Klinik. Hin und wieder gab es auch etwas frisches Freibankfleisch oder Fleischknochen zum Fressen. Wenn die beiden Männer in grauen Kitteln die Futtereimer hereinbrachten, gebärdeten sich alle Hunde wie toll. Sie bellten, winselten oder jaulten. Aber manchmal war das Essen dann ungenießbar. So enthielt es an einem Tag massenhaft Pflaumenkerne, an einem anderen Tag Fischgräten, und an einem dritten Tag war es ein unbestimmter Brei mit Kronkorken.

Oftmals vergaßen die Männer, den Hunden Wasser hinzustellen. Bubi lebte nun immer aufgeregt und in Erwartung dieses Wassers, und mitunter vergoß er auch das gesamte Wasser vor Gier und mußte dann mit brennendem Leib den ganzen Tag und die ganze Nacht auf neues warten.

Die endlos langen Tage und die noch längeren Nächte eines Versuchshundes sind die Hölle. Mit Bubi zusammen in der engen Box lebte Achan, ein Deutscher Schäferhund, der als Sporthund seinem Herrn den Titel eines Kreismeisters und später sogar eines Bezirksmeisters eingebracht hatte. Aber auch dem klugen und edlen Achan war das Gnadenbrot verweigert worden, auch er wurde als Versuchshund verkauft. Er und Bubi wurden notgedrungen gute Freunde.

Am fünfzehnten Tag nach Bubis Ankunft rief eine weibliche Stimme: „Bringen'se Achan, der is' in einer halben Stunde dran!" Der große Schäferhund Achan, der seinen Namen gehört hatte, setzte sich in der Box aufmerksam vor die Gitterstäbe. Es war seit Wochen das erste Mal, daß er seinen Namen hörte. Eine große Sehnsucht nach seinem Herrn nahm ganz und gar von ihm Besitz. Die Box war nur zwei mal zwei Meter groß, trotzdem versuchte nun Bubi, Achans Aufmerksamkeit auf sich zu lenken. Er lief spielerisch im Halbkreis um Achan herum und stieß seine kleinen Belltöne aus. Plötzlich ging das Spektakel los! Die Tür zur Box wurde weit aufgerissen, und einer der beiden Männer im grauen Kittel, die sonst immer die Futter- und Wassereimer hereinbrachten, piekte Bubi mit einer Forke in den Leib. Bubi verkroch sich ängstlich in der Box nach hinten.

Achan wurde mit einem Wasserschlauch bearbeitet, bis er knurrend aus der Box in den Stallgang kroch. Bubi sah mit Schrecken, wie seinem Freund Achan Eisenklammern um den Kopf gelegt wurden und wie dessen wassertriefender Körper durch den Stallgang nach draußen gezerrt wurde. Oh, armer edler Achan, da doch in deinem geschundenen Körper eine so empfindsame und verletzliche Tierseele lebte.

In allen zehn Boxen herrschte nun Stille. Nur ein kleiner weißer Spitz, der in der Box neben einem großen, traurig dreiblickendem Neufundländer lebte, kläffte noch leise, dann war auch er still.

In Bubi blitzte die Erinnerung an Breithauer und Dietmar Ollasch auf. Er zitterte am ganzen Körper. Schon an anderen Tagen waren Hunde aus dem Versuchstierstall in den Operationssaal geholt worden, und waren sie nicht gutwillig mitgegangen, geschah das mit Hilfe von Fußtritten oder dem Wasserstrahl aus dem Schlauch. Und waren sie wieder zurückgekommen, trugen sie entweder eiserne Schrauben am Bauch, an denen die nicht operierten Hunde zu nagen begannen, oder sie hatten Gipsmanschetten an den Vorder- und Hinterläufen. Und alle diese Hunde winselten nächtelang. Nur Bubi winselte nicht. Er wartete auf Achan. Aber Achan, sein Freund und Stallgefährte, kam niemals wieder.

Und eines Tages war er selbst an der Reihe. Er, der Wampener, der die Zeit beim alten Schwarzkopf, bei Eva Boldt und Wendelin lebend überstanden hatte, war nun endgültig an der Reihe. Er leistete keinen Widerstand. Er ließ sich beinahe willenlos anleinen und in den Stallgang führen. Aber hier machte er wie Achan die Bekanntschaft mit dem unangenehmen Wasserstrahl, denn er mußte für die Operation sauber sein. Jemand im weißen Kittel gab ihm mit geübtem Griff eine leicht brennende Spritze unter sein Fell. Diese Spritze sollte ihn ruhig und noch friedlicher werden lassen.

Halbbetäubt erlebte Bubi den Gang über Treppen und Flure in den Operationssaal. Hier wurde er auf einen Tisch gehoben, auf den Rücken gelegt und gestreckt, so daß er sich kaum noch bewegen konnte. Alle vier Pfoten und der Kopf waren plötzlich festgeschnallt. Sein Bauch wurde glattrasiert, dabei vergingen ihm Hören und Sehen, und noch schlimmer war es, als der brennende Bauch unbarmherzig zweimal mit einer eisigen Flüssigkeit abgerieben wurde. Und auch die linke Vorderpfote wurde glattrasiert und gründlich desinfiziert. In die Ader dieser Pfote bekam er nun die eigentliche Betäubungsspritze, die recht schnell wirkte. Bubi versank in einem schwarzen Nichts. Als er wieder erwachte, war sein ganzer Körper gelähmt, er glaubte, sich niemals wieder erheben zu können. Widerlich lauwarme Eisenteile wurden ihm aus Maul und Schlund gezogen, und er versank in immer neue Abgründe der Übelkeit. Er hatte nun auch, wie andere Hunde, eine Metallschraube an seinem Bauch. Er wurde über Gänge und Flure zurückgetragen und fand sich in seiner Box wieder.

Von Stund an lebte Bubi in einer großen Furcht, noch einmal in den Versuch zu müssen. Zu den ständigen Schmerzen gesellte sich ein unermeßliches Grauen, da er ununterbrochen eintönig in der engen Box hocken mußte. Er hatte sich nicht an das Schreckliche gewöhnt, sondern war empfindlicher denn je geworden. Beim Anblick eines weißen Kittels jaulte er auf.

Als Bubi das zweite Mal in den Versuch mußte, dieses Mal wurde ihm die rechte Vorderpfote gebrochen und eingegipst, hatte er wütend um sich gebissen. Beim dritten Versuch war er bereits halbtot und lag wie gekreuzigt. Er erwachte dieses Mal mit dicken Gipsmanschetten an den Hinterläufen.

Inzwischen war eine Verbesserung der Haltung der Versuchshunde eingetreten: Bubi erwachte in einem Kinderbett aus Metall. In seine linke Pfote, die festgebunden war, mündete ein dünner Schlauch, durch den aus einer großen Flasche über ihm eine Flüssigkeit in die Ader tropfte. Und er lag unter einer wärmenden Decke. Das war angenehm, und Bubi fühlte sich zunächst geborgen. Aber später blickte er sehnsuchtsvoll auf die anderen Hunde in den vielen Boxen, die Wasser aus großen Eimern tranken. Die Eimer konnten nicht mehr umgerissen werden, weil sie in angeschweißten Eisenringen steckten. Diese Eisenringe gehörten ebenfalls zu den Verbesserungen bei der Versuchshundehaltung. Plötzlich beengten Bubi, der angeschnallt war, die Gitterstäbe seines Kinderbettes, und er biß halbtoll vor Angst in das kalte Eisen und kratzte mit der rechten Vorderpfote, der einzig freien Pfote, daran. Aber es war ein vergebliches Beißen und Kratzen. Kein Mensch half ihm. Schließlich wurde er nach mehrfachem Röntgen in seine Box gelegt.

Nach diesem dritten Versuch heilten Bubis Hinterläufe nur schlecht, und er kroch hilflos in der Box umher. Eines Tages sagte eine Männerstimme: „Dieser Hund kann nun weg." So kam der Tod zu Bubi, gegen den er sich ein Leben lang mit der Tapferkeit seines kleinen Hundeherzens gewehrt hatte. Der Tod kam als erlösender Freund in Form einer Spritze in das schlagende Herz. Als Bubis kleiner Leichnam in die Klinikheizung getragen wurde, sagte die Tierpflegerin vom Versuchsrattenstall mit rauher Stimme: „Na, der hat was durchgemacht mit seinen drei Versuchen."

Drei Kiefernzweige aus Jagetzow

Über meine pommerschen Erzählungen wurde viel debattiert. Jeder wollte sie lesen, aber kein Verlag wollte sie als eigenständigen Sammelband drucken. In Tages- und Kirchenzeitungen wurden 15 Erzählungen abgedruckt, in Anthologien erschienen fünf Erzählungen und in Kalendern drei Märchen. Diese Erzählung sollte eigentlich gar nicht geschrieben werden, weil ich keine Lust mehr dazu hatte. Auch wußte ich keinen Anfang und kein Ende. Aber dann schrieb mir Frau Rotter aus Salzburg zehn Briefe, und ich sandte ebensoviele an sie, und als wir den Briefwechsel einstellten, beschloß ich doch noch, die Erzählung zu schreiben.

Doktor Fritz Nachtigal fuhr mit seiner Frau Ingrid aus Greifswald im Bezirk Rostock zu einer Dermatologentagung in die benachbarte Bezirkshauptstadt Neubrandenburg. Es war ziemlich kalt, und es war der letzte Tag im Oktober des Jahres 1981, der Reformationstag, und es war Vormittag, und auf der Fernverkehrsstraße 96 kam ihnen nur selten ein Fahrzeug entgegen.

Die Nachtigals durchfuhren sieben Dörfer, dann kam die Stadt Jarmen am Peenestrom in Sicht. Als die blaue Brücke, die über den Strom führt, und Stadt und Ortsschild „Jarmen" hinter ihnen lagen, sagte Ingrid Nachtigal, die am Lenkrad ihres Kleinwagens Trabant saß: „Jarmen ist zum Gott-Erbarmen." Sie lachte kurz auf, aber innerlich beugte sie sich mehr und mehr vor der Trostlosigkeit der Oktoberlandschaft.

Fritz Nachtigal, Doktor der Medizin, Facharzt für Hauterkrankungen und Spezialist für Venenkrankheiten, sah schweigend auf den grauen Asphalt und die weißen Mittel- und Randstreifen der Fahrbahn. In

Gedanken wiederholte er den langen zweiten Satz seines Vortrages für die Tagung der Hautärzte in Neubrandenburg.

Die Nachtigals durchfuhren dann das Dorf Völschow, das eine Raststätte an einer ziemlich unübersichtlichen Kurve hatte, dann kamen nur noch endlose Ackerflächen und in der Ferne ein kleiner Kiefernwald. „Hinter dem Wald liegt Jagetzow, bald kommt Hedwigshof", sagte Ingrid Nachtigal.

Die Landstraße wurde etwas belebter. Ein Traktor vom Typ Kasimir mit zwei Hängern voll Zuckerrüben manövrierte auf ein abgeerntetes Feld und kippte seine Last auf ein Gebirge von Zuckerrüben ab. Ein Traktor sehr alter Bauart mit einem Hänger voll Stallmist fuhr auf einen bereits geschälten Acker gegenüber und kippte dort seine Ladung ab. Ein Landfahrzeug vom Typ RS 09 streute den Mist gleichmäßig auf dem Acker aus.

„Das ist so ein RS 09", sagte Ingrid Nachtigal. Sie fuhr nach etwa fünf Kilometern auf einen etwas tiefer gelegenen sandigen Feldweg, der zwischen den Dörfern Jagetzow und Hedwigshof lag, stellte den Motor ab und stieg aus.

Fritz Nachtigal stieg ebenfalls aus. Er stand eine Weile unschlüssig da, dann zeigte er auf das Dorf Jagetzow und sagte: „Ich weiß – Rodbertus, der Seher von Jagetzow."

Als Ingrid Nachtigal schwieg und immer nur nach Hedwigshof hinüberstierte, begann Fritz Nachtigal, auf dem Feldweg von Lichtmast zu Lichtmast zu schreiten. Dieser Feldweg und die alten Holzmasten mit den Drähten führten von Hedwigshof nach Jagetzow. Es war der Jagetzower Feldweg.

Auf dem Feldweg lagen Kiefernzweige. Jemand aus Jagetzow oder Hedwigshof mußte sie hier verloren oder liegengelassen haben. Die grünen Zweige waren für

Ingrid Nachtigal wie ein Symbol von Hoffnung. Sie bückte sich danach, hob einen Kiefernzweig auf, scharrte mit ihren behandschuhten Händen etwas sandige Erde zusammen und steckte den Zweig mitten hinein. Dann stand sie eine Weile vor dem Häuflein Erde wie vor einem Grab.

Kaltes Flimmern lag über den weiten Ackerflächen. Krähenschwärme flogen kreischend auf. Über Hedwigshof hing drohend eine schwarze Wolke. Ingrid Nachtigal hob einen zweiten Kiefernzweig auf, trug ihn behutsam zum Auto und legte ihn auf den Rücksitz.

„Hier, wo der Feldweg auf die F 96 einmündet, ist es passiert", sagte Fritz Nachtigal nachsinnend.

Ingrid Nachtigal holte einen dritten Kiefernzweig, trug ihn auf die Fahrbahn und legte ihn auf die Stelle, auf die Fritz Nachtigal zeigte. Sie sagte: „Ja, hier ist Rotter verunglückt, und hier stirbt in wenigen Augenblicken, sobald ihn ein Fahrzeug erwischt, dieser grüne Zweig. Stumme Zeugen dafür sind heute wie im vergangenen Jahr die alten Lichtmasten." Und als sie keine Antwort erhielt, sagte sie noch, daß sie diesen Abschnitt der Fernverkehrstraße 96 seit dem Unfall im vergangenen Jahr immer nur die Blutstraße nenne.

„Merkwürdiges Zusammenspiel. Dort drüben lebte und starb Karl Rodbertus-Jagetzow, Gutsbesitzer, preußischer Staatsminister und weltberühmter Politökonom, und hier starb Hans Rotter, berühmter Arzt für Beinleiden und Begründer neuer wissenschaftlicher Methoden", sagte Fritz Nachtigal.

„Du hast eine merkwürdige Art, Dinge zusammenzufassen. Du solltest für meinen Chefredakteur Leitartikel schreiben", sagte Ingrid Nachtigal. Das klang abweisend. Aber insgeheim fragte sie sich, ob es nicht doch Gemeinsamkeiten zwischen den beiden Toten, dem Seher von Jagetzow und dem Arzt aus Salzburg, gebe.

Nicht jede Gemeinsamkeit ist auf den ersten Blick „typisch", dachte sie. Was war im vergangenen Jahr hier geschehen?

„Am Dienstag abend, den 28. Oktober 1980, war Primarius Doktor Hans Rotter auf der Fahrt von Ost-Berlin nach Zempin in seinem für diese Fahrt bereitgestellten Auto von einem unbeleuchteten Traktor gerammt und so schwer verletzt worden, daß er am Unfallort starb."

So hatte es in den „Salzburger Nachrichten" gestanden, und Ingrid Nachtigal erhielt den Zeitungsausschnitt von Frau Rotter in einem offenbar nicht kontrollierten Brief.

„Beide Räder des Molli, ich mein' den RS 09, standen nach außen gedreht. Gegen 23 Uhr war der verunfallte Wagen, ein Wartburg, samt Insassen weggeräumt worden. Der Molli stand noch bis Donnerstag auf dem Jagetzower Feldweg, dann haben die aus Daberkow und die Polizei ihn wohl freigegeben. Die Kupplung sollte ja noch untersucht werden. Die Tür des Wartburgs hatten sie aufgeschweißt, um den Toten zu bergen." Das hatte die Frau des RS 09-Fahrers erzählt.

Ingrid Nachtigal drängte sich plötzlich ein Bild auf: Da war ein großes, weißes Gesicht auf einem weißen Laken auf einer Bahre unter grellem Neonlicht des Gerichtsmedizinischen Institutes in der Greifswalder Kuhstraße. Sie, Ingrid Nachtigal, hatte den lebenden Arzt Hans Rotter nicht kennengelernt, für dieses fast friedlich-leere Gesicht hatte sie ein Vaterunser gebetet, als sie neben dem Vorsitzenden der Sektion Phlebologie in der DDR, Doktor P., einem Arzt aus Ungarn, Doktor R., und ihrem Mann, Doktor Nachtigal, an der Bahre des Toten stand. Ingrid Nachtigal war es, als bemerke sie nun den Abdruck des Toten im Asphalt der Landstraße und die Spuren dieses Sterbens, die er hier hinterlassen hatte. Und ihr drängte sich plötzlich der

Gedanke auf, daß ihm sein Tod hier am Jagetzower Feldweg, nahe der Grabstätte von Karl Rodbertus, vorgezeichnet gewesen war, vorgezeichnet schon von der Stunde seiner Geburt an. Sie ging sogar soweit in ihrer Vorstellung, daß sie zu wissen meinte, daß dieser Mensch nur deshalb die Fahrtroute gewählt hatte, um sein ihm vorgezeichnetes Schicksal hier zu vollenden. Er hatte dem Chauffeur des Wartburgs, einem Arzt aus Torgau, gesagt, daß er unterwegs in einer kleinen Landgaststätte, vielleicht in Völschow, Rast machen wolle. Ingrid Nachtigal sah alle diese Dinge plötzlich nur noch als Vollendung eines programmierten Schicksals. „Der Mensch entgeht seinem Schicksal nicht", sagte sie laut. Es klang trotzig. Fritz Nachtigal winkte ärgerlich ab.

Er erinnerte sich an die Geschehnisse des 28. Oktobers 1980 bis ins Detail: Es war ein anstrengender Tag in Zempin auf der Insel Usedom im Ferienzentrum des VEB Armaturenwerk Magdeburg mit einem Dutzend Vorträgen. Es war der zweite Tag der ersten Phlebologentagung der DDR, der erste eigentliche Arbeitstag nach Anreise, Anmeldung, Unterbringung, Begrüßung, Eröffnung, Diapositiv um Diapositiv wurde gezeigt. Der Festsaal des Ferienheims war zum Hörsaal umfunktioniert worden. Außerdem gab es Ausstellungsräume und Übungsräume für praktische Demonstrationen. Ein ständiges Lichtan und Lichtaus während der Vorträge hatte die Augen ermüden lassen. Eine Fülle von Informationen, Gedanken, Einwänden, Reden und Gegenreden hatten das Hirn überreizt, das Gedächtnis überschwemmt. Alle Tagungsteilnehmer waren abends sehr müde, aber keiner wollte es sich anmerken lassen. Ein Saal voller erschöpfter Hörer, ein Präsidiumstisch mit besorgten Gesichtern und ein immer neuer Redner, der in seiner streng vorgegebenen Redezeit nach Aufmerksamkeit und Zustimmung aller Anwesenden heischte.

Unauffällig wurden Zettel zum Präsidiumstisch gereicht. Noch war der berühmte Gast aus Österreich nicht angekommen. Er kommt heute abend, und das wird ein Höhepunkt für unsere junge Sektion Phlebologie sein, hieß es. Danach zischelte man: „Er kommt noch", dann: „Es ist etwas dazwischen gekommen", etwas später: „Er hat eine Panne gehabt", danach: „Er soll verletzt sein", und dann das konzentrierte, bleiche Gesicht des Vorsitzenden Doktor P.: „Du sollst es wissen, Fritz, sage es aber bitte nicht weiter, er ist tot." Der Autounfall bei Hedwigshof erfolgte gegen 18 Uhr.

Am übernächsten Tag war die Abordnung von Zempin in das Gerichtsmedizinische Institut nach Greifswald gefahren. Als der diensthabende Institutsprofessor durch einen Sektionsgehilfen von daheim geholt worden war und seine Einwilligung zum Besuch des Toten gegeben hatte, waren Doktor P., Doktor R., Doktor Nachtigal und seine Frau Ingrid an die Bahre des Toten aus der Kühlzelle getreten.

Eigentlich sollten vier Teilnehmer der Zempiner Phlebologentagung den toten Kollegen auf seiner Heimreise begleiten. In Zempin waren genügend Ärzte anwesend, die zur kleinen Bevölkerungsgruppe der Reisekader für den nichtsozialistischen Währungssektor gehörten. Aber der übliche Zeitraum zwischen Reiseanträgen und Reisegenehmigung wäre viel zu lang gewesen. Eine Verkürzung des Genehmigungsweges aus besonderem Anlaß wurde nicht gewährt, was Doktor P. sehr deprimierte. Hatte doch Doktor Rotter am 28. Oktober nach seiner Ankunft auf dem Flughafen Berlin-Schönefeld intensiv mit dem Ministerium für Gesundheitswesen der DDR konferiert. Das hatte die verspätete Abfahrt nach Zempin bewirkt und letztlich den Tod auf der herbst-dunklen Landstraße. So mußte die Leiche Rotters ohne ehrende Begleitung nach Österreich zurückkehren, ja, es war schließlich der Eindruck entstanden, als habe die Witwe Rotters um die Freigabe seiner Leiche kämpfen müssen.

Einen Monat lang hatte wegen des harten Bodens infolge anhaltenden strengen Frostes die Leiche des preußischen Ministers und Gutsbesitzers Rodbertus über der Erde gestanden, bevor sie im Jagetzower Gutspark beigesetzt wurde. Die Leiche des Primararztes Hans Rotter lag nach der Autopsie wohl wochenlang in einer Kühlzelle des Gerichtsmedizinischen Institutes, bevor sie endlich nach Salzburg überführt und dort bestattet wurde. Ingrid Nachtigall hatte einen Artikel über die Tagung in Zempin und über die schmerzliche Trauer zum Ableben des Gastreferenten Rotter geschrieben, der aber dann nach mancherlei Diskussionen nicht erscheinen durfte. Obwohl der Artikel angeblich großartig gewesen war, hatte ihn der verantwortliche Redakteur zur Veröffentlichung abgelehnt und Ingrid Nachtigal per Postanweisung zwanzig Mark für die Telefongebühren zugesandt. Sie hatte daraufhin die Redaktion gewechselt. „Fahren wir weiter", sagte Ingrid Nachtigal laut.

Am Anfang des Dorfes Hedwigshof stand vor einem ehemaligen Tagelöhnerkaten aus roten Ziegelsteinen eine etwa fünfzig Jahre alte Frau. „Das ist die Frau des Treckerfahrers, der Rotter mit dem RS 09 totgefahren hat", sagte Ingrid Nachtigal und fühlte eine innere Abneigung, beinahe einen unüberwindlichen Ekel gegen diese Frau, die die ganze Zeit dastand und zu ihnen hersah. Sie erinnerte sich an den Herbsttag vergangenen Jahres, als sie zwei Wochen nach Rotters Tod bei dieser Frau in der Küche gesessen und zugehört hatte. Frau K. berichtete damals von ihrem Mann, der in Untersuchungshaft war, und von ihrer Krankheit. „Ich könnte meinen Mann ja später im Gefängnis besuchen, aber ich habe offene Füße", hatte sie gesagt.

"Weißt du, daß Frau K. Unterschenkelgeschwüre hat?

Das wäre ein Fall für dich, Fritz. Soll ich anhalten? Ich glaube, sie hat mich erkannt." Das sagte Ingrid Nachtigal leise und eindringlich.

Mitleid hatte den Ekel verdrängt, als sie die Frau so hilflos auf dicken, unförmigen Beinen herumstehen und herstarren sah.

"Das fehlte noch jetzt unmittelbar vor dem Kongreß in Neubrandenburg. Fahr bloß vorbei!"

Ingrid Nachtigal verstand ihren Mann nicht. Manchmal fand sie seine Reaktionen ziemlich unangemessen. Aber er war der einzige zuverlässige Verdiener in der Familie, während ihre freiberufliche Zeitungsarbeit eigentlich nur gering bezahlte Zusatzarbeit war. Ohne sein Gehalt, das mit Sonntags- und Feiertags- und Nachtdiensten 1700 Mark netto betrug, stand ihr ganzes Dasein auf dem Spiel, und nicht nur ihr eigenes, auch das Dasein vieler Tiere und einzelner Mitmenschen, denen sie half, wenn sie krank oder heruntergekommen oder manchmal einfach auch nur bockig waren oder aus einem anderen Grund keinen Platz mehr zwischen den arbeitenden Massen fanden.

Fritz Nachtigal kramte auf dem Rücksitz des Wagens, zog schließlich eine Fotokopie aus seiner Aktenmappe und begann, laut zu lesen: „Viele unter diesen Kranken haben nichts unversucht gelassen, sind von Arzt zu Arzt gepilgert, waren Monate, ja selbst Jahre arbeitsunfähig oder im Krankenhaus, haben sich jeder empfohlenen Operation unterzogen, haben jede Salbe versucht, jeden Rat befolgt, vielfach ohne auch nur Linderung, geschweige denn Genesung zu finden. Mancher hat Existenz und Vermögen eingebüßt, bevor er verbittert resigniert oder sich gottergeben damit abgefunden hat, das kranke Bein zu opfern oder sein Kreuz bis ans Ende zu tragen. Für diese Ärmsten ist das Leben zur Hölle geworden, Lebensfreude ist ihnen ein unbekanntes

Wort. Sie erwarten den Tod als Erlösung, und manch einer hat in Verzweiflung Hand an sich angelegt."

Ingrid Nachtigal, die eigentlich jederzeit auf einen der berühmten Stimmungswechsel ihres Mannes gefaßt war, fragte ihn dennoch verblüfft: „Was soll das? Wer hat das geschrieben?"

„Rotter", sagte Fritz Nachtigal.

„Ob Rotter auch an Frau K. so ohne weiteres vorbeigefahren wäre?"

„Vor einem Kongreß möglicherweise schon", sagte Fritz Nachtigal. 'Auf das Tun kommt es an, nicht auf die Kongresse', dachte Ingrid Nachtigal. Sie sagte: „Übermorgen ist Beiratssitzung, da muß ich dem Stadtrat etwas Geld für den Tierschutz aus dem Kreuz leiern. Hoffentlich sind die planmäßigen Gelder nicht schon wieder umgeleitet für das Strandbad. Und, übrigens, der Wenni muß endlich seine Invalidenrente haben, ohne Invalidisierung muß der verhungern. Er ißt schon Schrot aus dem Bullenstall, wird erzählt."

Es war später Nachmittag, als die Nachtigals im Hotel in Neubrandenburg ankamen. Fritz Nachtigal öffnete die Hoteltür und prallte zurück. Der eilig aus dem Hotelinnern stürzende Gast, ein Schlagersänger des DDR-Fernsehens, wäre ihm beinahe auf den Fuß getreten. Im Restaurant war Fritz Nachtigal gereizt: „Ich bin eben kein Professor, der täglich vor seinen Studenten spricht, sondern nur ein Praktiker, der selten zur Rede Gelegenheit hat. Wer weiß, ob mein Vortrag ankommt."

„Sprich nicht so, was man so beruft, das bringt Unglück. Bestell uns lieber etwas zu essen", sagte Ingrid Nachtigal.

Fritz Nachtigal winkte ab, sagte: „Bestell du etwas."

Bei einer kleinen blonden Kellnerin bestellte Ingrid Nachtigal Rumpsteaks mit Pommes frites. „Und für meinen Mann ein Exportbier und für mich eine Flasche Selterswasser."

Die Kellnerin brachte nach reichlicher Wartezeit von zwanzig Minuten das Essen, und Fritz Nachtigal begann, sich laut aufzuregen: „Und die Getränke? Soll ich vielleicht die ganze Nacht durstig im Bett liegen? Und morgen früh gibt es hier wahrscheinlich nur Kaffee. Du weißt doch, daß du immer zuerst die Getränke bestellen mußt und erst danach das Essen. Der dicke Schlagersänger Mentzel hatte sicherlich seinen Bauch voll Exportbier. Der hat sicherlich mit ausländischer Währung bezahlt, mit D-Mark oder mit Dollar."

Ingrid Nachtigal sagte ablenkend: „Du, Fritz, der Schlagersänger Mentzel hat aber abgenommen, der ist gar nicht mehr so dick."

„Meine Lebenserwartung liegt bei fünf Jahren. Mein Hochdruck geht letal aus. Ihr benehmt euch wie die Hilfsschüler. Was ihr macht, kann jeder, was ihr macht, das machen Tausende. Autofahren, Artikel schreiben, Abfetten, Schlager singen. Aber vielleicht ist das jetzt gerade das Nebensächliche, und die Hauptsache ist mein Vortrag von morgen. Um mich herum hat man eine Mauer aus Hilfsschülern aufgebaut. Und jetzt sieh zu, daß du uns was zu trinken besorgst."

Ingrid Nachtigal versuchte, seinen Redeschwall zu unterbrechen, und erzählte aus der Redaktion ihrer Zeitung.

„Da hab' ich nichts davon, das ist längst kein Grund, daß ich mit brennendem Gedärm im Bett liegen soll."

Als Ingrid Nachtigal bettelte, daß er doch nun endlich selbst die Kellnerin an den Tisch rufen und an die Bestellung der Getränke erinnern solle, maulte Fritz Nachtigal: „Du hast ihr doch schon gesagt, was wir trinken wollen. Wenn ich mich jetzt noch beschwere, gibt es vielleicht den ganzen Abend nichts zu trinken. Und morgen ist beim Gesellschaftsabend Weinzwang. Da gibt es wahrscheinlich wieder kein Exportbier."

Als die Kellnerin am Nebentisch hantierte, rief er:

„Dann muß ich eben den Durst ertragen!" Die Kellnerin kam an den Tisch, und Fritz Nachtigal zahlte abrupt das Essen und gab ein reichliches Trinkgeld. „Die sollte einmal einen Kurs für Erste Hilfe mitmachen. Durst bedeutet nämlich Bluteindickung und damit Thrombosegefahr", sagte er ärgerlich lachend.

Mit beruflicher Neugier beobachtete Ingrid Nachtigal die anderen Hotelgäste. Viele kannte sie von den Tagungen ihres Mannes her. Es waren eigentlich fast immer dieselben, die anreisten. Sie erkannte einen Professor aus Greifswald, der mit seinem leeren Schnapsglas spielte, manchmal den Kopf schüttelte und hin und wieder wie ein Pferd schnaubte. Aber insgesamt bemühte er sich mit gelassener Aufmerksamkeit, dem schier endlosen Redeschwall einer schlanken, etwas grauhaarigen Hautärztin zuzuhören.

Professor S. aus Magdeburg und der Gast aus Salzburg, Oberarzt Z., betraten den Saal. Ruckartig hoben sich alle Köpfe an den Tischen. Professor S. ging voran und musterte die Tische. Sie waren alle besetzt. Nur bei den Nachtigals war noch Platz. 'Gott Lob, der Abend ist gerettet', dachte Ingrid Nachtigal, als Professor S. an den Tisch trat und sagte: „Da müssen wir uns zu Ihnen setzen. Es ist doch frei?!" Ingrid Nachtigal sagte lachend: „Aber ja", und Fritz Nachtigal machte stumm eine tiefe Verbeugung.

Die beiden Neuangekommenen bestellten Weißwein. Oberarzt Z. bestellte zusätzlich Selterswasser. Fritz Nachtigal versuchte noch einmal, seine Exportbierbestellung anzubringen. Aber das mißlang. Die Kellnerin schaute fasziniert auf Oberarzt Z., den sie an seiner Aussprache als einen Gast aus Österreich erkannte. Und Biertrinker schien sie ohnehin nicht sonderlich zu schätzen. Professor S. versuchte, die Nachtigals mit in das Gespräch einzubeziehen. Fritz Nachtigal antwortete zunächst einsilbig, doch dann klagte er über die zunehmende Zahl der Venenkranken in seiner Abteilung in der Poliklinik, über neue Zusatzstellen und Außensprechstunden und mangelnde apparative Ausrüstung.

Mit besänftigendem Tonfall sagte Professor S.: „Das ist nun einmal die Folge der Spezialisierung. Das erfordert eine wachsende Leistung."

Fritz Nachtigal erklärte erregt: „Die Routine wächst mir über den Kopf. Es sind manchmal einfach zu viele Patienten."

„Und dann sinkt die Qualität der Arbeit, und da helfen auch keine supermodernen Methoden", entgegnete Professor S. nicht ganz ohne Schärfe.

„Aber wir wären froh, wenn wir diese Apparaturen in den Praxen und Abteilungen hätten", beharrte Fritz Nachtigal. Niemand antwortete ihm.

Ingrid Nachtigal dachte: 'Gleich zitiert Fritz einen bekannten DDR-Phlebologen, der einmal meinte, solche Tagungen glichen dem Erlernen des Radfahrens anhand von Dias. Der Oberarzt aus Österreich will die ostdeutschen Ärzte gruppenweise für Apparate ausbilden, die in der Praxis nur ganz wenigen, einzelnen, vielleicht in den großen Kliniken und Zentralinstituten, zur Verfügung stehen. Er ahnt das wohl kaum. Engpässe werden nach außen verschwiegen, das ist Partei- und Staatsauftrag. '

Fritz Nachtigal biß sich auf die Unterlippe. Ingrid Nachtigal sah, daß er eine unwillige Bemerkung verschluckte. „Hat keinen Zweck", murmelte er halblaut.

Da sagte Oberarzt Z. versöhnlich: „Ihr Vorsitzender hat ja eindrucksvolle Worte für unseren Doktor Rotter gehabt. Er schrieb im Nachruf, daß Rotter bei uns in Österreich die Arbeitsgemeinschaft Beinhypostase ABH ins Leben gerufen hat und ein langfristiges internationales Bekämpfungsprogramm der Venenkrankheiten anstrebte. Aber denken Sie bitte ja nicht, daß das so einfach ist. Überall gibt es in den sogenannten hohen Kreisen Herren mit einer ganz feinen scharfen Klinge, die alles gleich säuberlich abschneiden, was neu und ungewohnt ist und ihnen nicht gefällt."

Ingrid Nachtigal war groß und schlank und hatte blonde Haare und blaue Augen. 'Sie sieht wie eine hübsche pommersche Bäuerin aus', dachte Professor S. Sie erinnerte ihn an die jugendbewegten fünfziger Jahre, als auf den ehemaligen pommerschen Gütern Neubauernstellen mit jungen Leuten eingerichtet wurden. Es war eine Erinnerung an flatternde Fahnen, wehendes Blondhaar, helle Fanfarentöne und rote Transparente mit zündenden Losungen. Es hieß „Junkerland in Bauernhand". Die blonde Frau hatte ihm schon in seiner forschen Zeit als Parteisekretär in Greifswald gefallen, als er noch nicht würdiger Professor in Magdeburg war. Er begann leise ein Gespräch mit ihr. Aber sie hörte ihm gar nicht zu, sondern sagte: „Herr Oberarzt Z., ist es denn nicht immer so, daß alles, was neu und richtig ist, zunächst ganz einfach auf Ablehnung stoßen muß?!"

„Na ja", entgegnete Professor S. ~~sich~~ anstelle des Oberarztes aus Österreich, und dabei sah er Ingrid Nachtigal sinnend an: „Die Beine werden sicherlich schon so lange gewickelt, wie es Menschen gibt. Die Beinleiden haben ihre eigentliche Ursache im aufrechten Gang des Menschen. Aber wie es bei den Methoden so ist, die Wickeltechnik wurde zeitweilig vergessen, und dann wurde nach immer größerer Verfeinerung gestrebt. Und so ergaben sich im großen und ganzen die Stufen Heinrich Fischer, dann Pütter, dann Rotter."

Bei den letzten Worten hatte Professor S. sich etwas vorgeneigt und Fritz Nachtigal angeblickt. Fritz Nachtigals Stimme klirrte, als er sagte: „Sie, Herr Professor, wollen gleich wieder alles in eine Tabelle zwängen, und die Tabelle kommt dann auf ein Diapositiv, und das Diapositiv wird in der Vorlesung gezeigt. Die Studenten können dann sehen, wie sie zurechtkommen. Mit den üblichen Methoden in der Medizin behandeln wir eine Vielzahl von Leichtkranken einigermaßen gut und richtig. Rotter hat sich aber die Fräge gestellt, wie die Problemfälle, die Schwerkranken, behandelt werden."

Oberarzt Z. leerte sein Weinglas. Nach einer Weile sagte er: „Und da kam Primararzt Doktor Rotter folgerichtig zu dem Schluß, daß bei den bisherigen Techniken des Beinwickelns zwar das Bein im wesentlichen entstaut wird, aber Knöchelgruben, Faszienlücken, Knoten und Infiltrate nur ungenau oder gar nicht erfaßt werden und von diesen Problemstellen dann früher oder später das Leiden erneut seinen Ausgang nimmt."

„Aber diese komplizierte Wickeltechnik von Rotter mit einer Unzahl von Binden, zugeschnittenen Kunststoffpolstern, ja sogar Leder, ist in der Praxis kaum durchführbar", sagte mit energischem Tonfall Professor S., und als ihn alle am Tisch schweigend ansahen, fügte er noch hinzu: „Wer soll das machen? Hier ist Rotter doch glattweg in Extrembereiche gelangt, in Überspitzungen, die an Monomanie grenzen."

„Ohne Monomanie wäre die Wissenschaft bisher keinen Schritt weiter gekommen", sagte Fritz Nachtigal.

„Und wer das machen soll?" rief Oberarzt Z. aus Salzburg fast gereizt, „schauen Sie, natürlich die Krankenkassen. Sie müssen dazu gezwungen werden, wenn sie Versicherungsgelder kassieren."

„Ja", sagte Professor S., und seine Stimme war sehr artikuliert, und sein blasses längliches Gesicht mit dem kleinen roten Bärtchen der Oberlippe verzog sich in nachdenkliche Falten: „Wir haben uns schon im Vorstand der Sektion Phlebologie darüber Gedanken gemacht, ob wir nicht auch bei uns in der DDR entsprechende Zentren einrichten könnten."

Ingrid Nachtigal beobachtete einigermaßen zufrieden ihren Mann. Der lauschte andächtig dem Gespräch, in dem es jetzt um neue Methoden der apparativen Diagnostik ging, und dabei trank er seine zwei oder drei Flaschen Exportbier. Das Bier und das Hotel hießen „Vier Tore" nach der gut erhaltenen Stadtbefestigung der Bezirkshauptstadt, die sich zum wissenschaftlichen Zentrum, etwa im Sinne einer Akademie, entwickeln sollte. Kongresse dieser Art waren ein konkreter Anfang dafür. Auf diese Weise könnten Disproportionen der Entwicklung beseitigt werden; denn der überwiegend landwirtschaftliche Bezirk Neubrandenburg hatte keine Universität, der Bezirk Rostock hingegen hatte zwei Universitäten.

Später im Hotelzimmer kurz vor dem Einschlafen sagte Fritz Nachtigal: „S. aus Magdeburg ist es als Professor gewohnt, immer das letzte Wort zu haben. Übrigens hättest du auch einmal darauf achten können, daß ich nicht so viel Bier trinke, da ich doch morgen den Vortrag habe, Ingrid."

Ingrid Nachtigal lachte laut auf.

In der Nacht tobte ein orkanartiger Sturm, der gegen Morgen Schnee brachte. Ingrid Nachtigal wurde sehr früh wach und konnte nicht wieder einschlafen. Sie zog sich bei völliger Dunkelheit an und ging leise in die Hotelhalle. Eigentlich wollte sie noch einmal nach ihrem abgeparkten Trabbi sehen, doch dann ließ sie den Gedanken wieder fallen und schlenderte zur Bar. Dort saß Professor S. Er winkte einladend und wies auf den leeren Hocker neben sich. Ingrid Nachtigal zögerte einen Augenblick, dann winkte sie lachend ab und ging in die leere Hotelhalle zurück. Sie setzte sich an einen Tisch nahe der Eingangstür und zündete sich eine Zigarette an.

Draußen wirbelte der Schnee. Das kleine Auto würde

einschneien und nicht gestohlen werden. 'Neubrandenburg ist keine Stadt zum Schlafen für mich, obwohl es hier so still ist', dachte Ingrid Nachtigal, 'alle werden dagegen sein, natürlich auch Fritz, trotzdem werde ich noch einen neuen Anlauf nehmen, einen Artikel über Phlebologie zu landen. Dieser Artikel wird aber ganz anders. Die Entwicklung der Medizin und die Entwicklung der Wirtschaftswissenschaft haben durchaus Parallelen. Der Jagetzower Gutsbesitzer Rodbertus und der Salzburger Arzt Rotter – beide waren soziale Denker. Rotter stieß auf Widerstände der kommerziellen Medizin. Wie sagte doch Fritz? Die wollen verdienen, sie wünschen sich ein drittes Bein am Menschen, das sie phlebographieren könnten. Rotter wollte weit mehr als nur Geld verdienen. Er wollte nicht nur wissenschaftliche Erkenntnisse verbreiten, sondern auch eine Idee, die in der katholischen Soziallehre wurzelt. Am Tag seines Todes hat er Kontakt mit dem Ministerium in Berlin aufgenommen. Das soziale System in Ostdeutschlend erschien ihm offenbar trotz aller Mängel als mögliche Grundlage für sein breites Programm zur Bekämpfung der Venenkrankheiten. Was bleibt nun von seiner geistigen Hinterlassenschaft? Auch Karl Rodbertus hatte, als er am 6. Dezember 1875 auf seinem Gut Jagetzow starb, nicht viel von den sozialen Veränderungen durchsetzen können, die er anstrebte. Das war letztlich ein Sozialismus-Modell rein wirtschaftlicher Art. Seine adlige Frau verbrannte seine abonnierte Zeitung – es war der Socialdemokrat – wenn sie sie erwischte. Rodbertus wolte nicht nur seine fünfhundert Hektar gut bewirtschaften, sondern auch die Produkte gerecht verteilen.'

Ingrid Nachtigal zündete sich eine zweite Zigarette an. Sie dachte: 'Was ist aus diesem Sozialismus-Modell geworden? Draußen fällt der Schnee auf die Wohnblöcke aus Beton, ein eintöniges grau-weißes Bild in der schneidenden Morgenkälte. Es wirkt auf mich fremd, feindlich, und es kann nicht die ganze Zukunft sein, auch wenn Fritz dann sagt, ich sähe die Welt mit den Augen der Großeltern. Einmal suchte ich das Grab des Predigers und Dichters Ernst Theodor Johann Brückner hier in Neubrandenburg. Ich fand die Reste eines brutal geschleiften Friedhofes zwischen den Neubauten. Angesichts der zerschlagenen Grabsteine sagte ich mir, wer so rücksichtslos zerstört, hat keine echte Zukunft. Ein getrocknetes Efeublatt in meinem Autoatlas ist mir noch heute Andenken an diesen zerstörten Friedhof, Anfrage nach der Richtigkeit unseres Sozialismus-Modells.'

Ingrid Nachtigal zündete sich eine dritte Zigarette an.

'Ist der Vortrag von Fritz wirklich wichtig? Er läßt sich hierher kutschieren und hält sich wieder mal für den Größten. Ich mache wieder bloß, was Tausende tun. Aber wehe, einer von den Tausenden versagt in einer tausendstel Sekunde, dann ist das Unglück perfekt. Dann gibt es einen Toten, und ein großer Plan ruht, gestorben an einem glitschigen Zuckerrübenblatt auf der Landstraße oder an einem unbeleuchtete Trecker, gesteuert von einem betrunkenen und müden Fahrer, der blindlings, ohne nach rechts und links zu schauen, vom Feldweg auf die Fernverkehrsstraße abbiegt. Und ein Torgauer Arzt ist kein Chauffeur für einen ausländischen Gast im Bezirk Neubrandenburg zur Erntezeit, er kennt nicht die ortsspezifischen Tücken, die ein Berufskraftfahrer kennt. Das müßte ich Fritz gelegentlich unter die Nase reiben, auch dem Ministerium.' Und ärgerlich äffte sich Ingrid Nachtigal selbst nach: 'Müßte, müßte.'

Übermütig lachend, schwatzend und gestikulierend lief eine Schar Männer an der einsamen Raucherin vorüber, unter ihnen Professor S. Sie gingen schlafen. Professor S. nahm noch eine Flasche Bier mit auf sein Zimmer. 'Er hat bis zuletzt das Sagen', dachte Ingrid Nachtigal belustigt. Sie war endlich angenehm müde, als sie das halbdunkle Hotelzimmer, in dem Fritz Nachtigal schnarchte, betrat.

Am Morgen gegen acht Uhr ging Ingrid Nachtigal frühstücken. Fritz Nachtigal blieb im Hotelzimmer und sprach mit der Uhr in der Hand immer wieder Passagen seines Vortrags über optimalen Puder bei der Behandlung von Unterschenkelgeschwüren vor sich hin. Um neun Uhr begannen die Vorträge im Kulturzentrum der Stadt, das als Tagungsstätte diente. Fritz Nachtigals Vortrag war für elf Uhr angesetzt. Es war, wie Ingrid Nachtigal fand, ein guter Vortrag. Die nachfolgende Diskussion fiel kurz und knapp aus, denn die Mittagspause mußte unbedingt eingehalten werden.

'Was ist das Neue? Es gibt Irrtümer dabei und Wahrheiten. Und manchmal verschwinden Wahrheiten wieder, werden später neu entdeckt und der jeweiligen Wahrheit angepaßt. Was aber auf Lüge, Verbrechen und Verrohung aufgebaut ist, wird keinen Bestand haben.' Das dachte Ingrid Nachtigal während der nachmittäglichen Kaffeepause. Die Tagungsteilnehmer drängten sich, ihre Kaffeetassen haltend, im Flur zu kleinen Gruppen zusammen. Das Gemurmel und der Kaffeeduft erzeugten eine Atmosphäre angenehmer Behaglichkeit. Ingrid Nachtigal trat an ein großes Fenster und sah in den Innenhof des Gebäudes: 'Sozialistische Architektur, eigentlich ganz hübsch, die bunten Kacheln an den Wänden und das Quadrat Erde da unten mit den Sträuchern und Bäumen inmitten grauer Sachlichkeit.' An einigen Stellen lagen noch Reste vom Neuschnee der vergangenen Nacht. Ingrid Nachtigal langweilte sich jetzt, sie verspürte große Lust zu eigener Tätigkeit.

Auf der Heimfahrt besah sich Fritz Nachtigal das Bein von Frau K. und ließ einige eng beschriebene Rezeptformulare bei ihr zurück. Das Unterschenkelgeschwür hatte nicht gut ausgesehen, und kurz vor Weihnachten waren die Nachtigals wieder unterwegs auf der Fernverkehrsstraße 96 nach Hedwigshof zu Frau K.

Vor den Büros der Landwirtschaftlichen Produktionsgenossenschaften und vor den Büros der Gemeinden leuchteten elektrische Kerzen an Tannenbäumen, in vielen Fenstern der Dörfer brannten Lichter: auf Schwibbögen, als Sterne, als stilisierte Weihnachtsbäume und als farbige Girlanden. „Diese Menschen bekennen sich öffentlich zu Weihnachten", sagte Ingrid Nachtigal, „auch die Genossen, die gar nicht wissen, was das eigentlich ist – Weihnachten."

Die Dorfstraße in Hedwigshof war menschenleer.

„Die Lichter in den Fenstern sind tröstlich für die Autofahrer", sagte Ingrid Nachtigal, „und ich finde, es werden von Jahr zu Jahr mehr Lichter."

Fritz Nachtigal kam nicht dazu, seine Meinung zu äußern; denn seine Frau küßte ihn zärtlich, als sie den Trabbi vor dem Haus von Frau K. angehalten hatte.

Herr K. war nun im Strafvollzug. Sein Rechtsanwalt hatte keine Verurteilung auf Bewährung erreichen können. „Dabei hat er geredet wie ein Buch", erregte sich Frau K., „und auch die LPG, die Partei und die Staatssicherheit haben gutgesagt für meinen Mann, unsere Kinder arbeiten in hohen Positionen, der Sohn ist im Panzerausbesserungswerk in Neubrandenburg beschäftigt. Aber es hat alles nichts genutzt."

„Was sagst du denn dazu, Fritz?" fragte Ingrid Nachtigal.

„Weihnachten ist das Fest des Friedens und der Versöhnung", sagte Fritz Nachtigal, aber es klang ausweichend, und Ingrid Nachtigal wußte, daß ihr Mann gereizt war, als er hinzufügte: „Zumindest gehört es zum kulturellen Erbe."

An einen Weihnachtsbaum hatte Frau K. in diesem Jahr

nicht gedacht, zum ersten Mal in ihrem Leben war sie ganz allein zu Hause in der Weihnachtszeit. Heiligabend aber würde sie bei ihren Kindern in Neubrandenburg verbringen.

An einer Wand der Bauernstube mit der bescheidenen Einrichtung hing ein Foto von Herrn K. Er hatte ein großes glattrasiertes Gesicht. „Er sieht ja aus wie Hans Rotter", rief plötzlich Ingrid Nachtigal. Frau K. weinte.

Ärgerlich hustend machte sich Fritz Nachtigal an seiner Aktenmappe zu schaffen. Er legte Rezeptformulare bereit. Für ihn war es ja immer das gleiche: Venen abtasten, Fragen stellen, Rezepte schreiben. Als seine Frau unauffällig aus der Stube verschwunden war, wunderte er sich nicht weiter, er kannte das schon: Sicherlich hatte sie vorhin draußen irgendwo eine hungrige Katze entdeckt oder einen unglücklichen Hund in irgendeinem Verschlag, und sie brachte dem Tier nun heimlich etwas zu fressen. Aber dann war er doch erstaunt. Ingrid Nachtigal betrat mit feierlichem Gesicht die Stube, in der Hand einen Kiefernzweig, ach ja – der zweite Kiefernzweig vom Jagetzower Feldweg damals, an dem Herbsttag vor dem Kongreß in Neubrandenburg.

„Es muß doch Friede werden auf Erden, trotz alledem!" sagte Ingrid Nachtigal. Es klang frisch und festlich nach dem Jammern von Frau K., die geklagt hatte, der Puder habe auf der Wunde gebrannt und die elastischen Binden vertrüge sie nur eine Zeitlang, dann müsse sie abwickeln und das kranke Bein flach lagern.

„Ein schweres postthrombotisches Syndrom", sagte Fritz Nachtigal auf der Heimfahrt, „ein irreparabler Schaden."

„Hast du gehört, Fritz, in der Bevölkerung hält sich hartnäckig das Gerücht, Doktor Rotter wäre ein berühmter Professor aus Österreich gewesen." Fritz Nachtigal lachte kurz auf und sagte: „Gerade manche von den

Herren Professoren waren ja nicht gerade nett zu dem Doktor Rotter. Na ja, es ist eine späte Ehrung unter besonderen Umständen, durch Tod auf der Landstraße im Dienst seiner Sache. Das ist wie der Tod an der Front. Und von Rodbertus hätte vor Jahren kaum jemand geglaubt, daß seine Schriften jetzt, gerade jetzt, wieder aktuell würden. Bei den Zentralkomitees und den Politbüros bei uns galten sie längst als abgetan und erledigt durch Marx und Engels und Lenin und Stalin."

Ingrid Nachtigal hing ihren eigenen Gedanken nach.

'Opfer Rotter und Täter K. – beide Männer waren fast gleichalterig, beide hatten große flächige Gesichter. Das Gesicht des Treckerfahrers K. war ein wenig größer und derber, mit mehr Furchen im Stirnbereich, hätten aber beide Männer nebeneinander gelächelt, hätte man sie glattweg für Brüder halten können.'

Leise sagte sie: „Mein Gott, diese vielen Sterne am Himmel. Es sieht aus, als hingen über uns am Himmel Milliarden von Silbertränen, die Gottvater alle einmal um uns geweint hat."

Über dem Jagetzower Wald hing die schmale Mondsichel wie ein Stück geschliffenes Metall, wie ein Säbel mit zwei Spitzen. Und es schien Ingrid Nachtigal, daß sie noch niemals so eine klare und silbrig-weiße Nacht erlebt habe.

Inhaltsverzeichnis

24,50